美しき日本人は死なず

勝谷誠彦

アスコム

まえがき

これらの物語が集められた経緯をまず語っておかねばならない。

私のマネジャーは月に一度、ある木曜日には決してテレビや講演の仕事を引き受けないことを心得ている。その日は私の書き手としての原点に返る、神聖な「書き日」だと知っているからだ。

火曜日に発行される『女性自身』の締め切りが木曜日。ここ十年近く、私の木曜日はその『女性自身』の長編ドキュメンタリー記事「シリーズ人間」を書くことに費やされてきた。当初は月二回。直木賞をとられる前の、作家・重松清さんと交代で務めた。今ではさすがに月一回になったが、たとえどんなに忙しくても、私は決してこのローテーションを崩すことはない。

書き手としてのレベルを落とさないための最高の鍛練《たんれん》の場であるとともに、ともすれば絶望しがちなこの国も、まだまだ捨てたものではないと希望を奮い立たせる機会でもあるからだ。

鍛練というのは二つの意味合いがある。ひとつは長く続いているこの連載を読む読者の目は肥えていて、それに耐えるものを書くにはかなりな気合が必要だということだ。もうひとつは、本文を読んでいただければわかるように、記事の取材者は私ではなく別にいる。時に登場する「記者」という一人称がそうだ。練達の記者の方々が実際の取材に当たり、私はそれを最後にまとめる役割を果たす。業界の言葉で言う「アンカーマン」だ。

記者の方々は取材対象と時間をかけて信頼関係を築き上げ、心の底まですくいあげる。その信頼のバトンを受け継いだ私が裏切るわけにはいかない。読者、記者、そして取材対象のいずれにも満足してもらうべく、私は精根を込めるのである。

もっとも、これらはプロの書き手としての私の特殊な事情に過ぎない。人間としての私にこの「シリーズ人間」が与え続けてくれたのは、さきほど触れたように希望だった。木曜日を除く他の日々、私がさまざまなメディアで発信するものはほとんどが、いかに日本人が劣化し、いかにこの国が堕落したかという話ばかりだ。意図してそうやっているわけではない。残念ながら目や耳に入ってくるのが、そうしたものばかりなのである。

そんな「全体の風潮」の中にあって「シリーズ人間」は「個」として屹立《きつりつ》する美しい魂の物語を私に教え続けてくれた。ここに収めたのはその中でもごくごく一部だ。ひとつの物語の背後には、その何十倍もの同様な営みをしている人々がいると思って欲しい。

個々の物語がそれぞれ想像を絶するようなドラマを擁《よう》しながらも、あまたのそれを描くうちに私はすべてを貫くひとつの棒のようなものがあることに気付いてきた。

それは「義」であり「志」であり「利他」である。

義という文字は「我」と「美」から出来ている。「我、美しい」。いかに自分を律して、自らの美とする基準から外れないで生きるか、である。本書に登場する物語を見てもらうとすべては「継続」が支えていることがわかる。「継続」が出来るか否かはどれだけ自分を律することができるかが決める。かつて武士とは義に殉ずる生き物であった。その伝統がまだまだ美しい日本人の中には息づいていると思うのである。

志という文字は「心」の上に「士」が乗る。ひとたるもの、ただの生物学的な生き物ではなく、心の上に立ってはじめてひとであるということを示しているような気がしてならない。

心の上に立つとは、自分がどうなって行くべきかを常に考えていることであり、究極の目標を見つめ続けていることだと言っていい。そしてそれは間違っても「世界でひとつだけの花」を探したり「自分探し」にウロウロすることではない。なぜならば心というものは、人類普遍のなにものかであり、その中で自分が何をなしうるかということは、自分が成功したり幸せになるということとは違うと私は思うからだ。

義が近くを見て自分を日々律するのであれば、志ははるか遠くを見つめてブレずに生きることだろう。自らを本能的に律する義があれば、あしもとをチラチラと見る必要はない。ただ志のあるところを見て、ひたすらに歩き続ければいいのである。

そして最後に「利他」。

この言葉を頭において本書を読み通していただくと、いかに通奏低音として鳴り響いているかがよくわかるだろう。物語の中には成功譚もある。しかし、功成り名遂げた人であっても、それはすべて「他人によかれ」と思ってやってきたことの結果なのだ。

不思議なことに利他の心で義や志をもって進んで行くならば、周囲がその人を盛り上げていく。利己はまわりを排斥して孤立を生むが、利他は状況が本人を規定していくのである。利他のようなフリをしての利己は、かならずどこかで破綻する。利他であると意識することそのものが、利己に通じるのがむずかしいところだ。まるで呼吸をするように、人のためによかれと行動できた時に、はじめて真の利他の気持ちと言えるのかもしれないと、あまたの物語を紡《つむ》いできて思った。

本書の標題を敢《あ》えて『美しき日本人は死なず』としたのは、世界中を歩いてきた私として、この中の物語のいくつかは「日本人ならでは」だと思ったからだ。この極東の民族が古来兼ね備え育んできた美徳が生きていると感じたからだ。主人公が日本人でなければ別の展開になったであろう、いや主人公だけではない。彼や彼女を支える周囲の人々もまた日本人でなければ生まれなかった物語がいくつもあるように私には思われる。

本書に登場する人々の多くは、いまなお活躍を続けている。本書を編むに際して、それぞれの今の状況を編集部がおたずねして末尾に付記した。中には最初の取材を何年も前にしたものもあるが、いずれもその時の営みが続けられ、あるいは発展していた。

そのことが、私には何よりも嬉しい。文字通り、美しき日本人は今日も生き続けているからだ。

本書はできれば、子供たちに読んで欲しい。その中からひとりでも、美しき日本人たちの義と志と利他の心を継ぐものが生まれることを心から願って。

美しき日本人は死なず●目次

第5章　岡山湯郷Ｂｅｌｌｅ監督・本田美登里さん
女性ならではのサッカーを貫く大輪の「なでしこ」たちの母

第6章　心臓移植を待つ本田裕美さん
臓器移植法ができる前にあったひとつの物語

第7章　刑務所面接委員・黒田久子さん

103歳、日本最高齢のボランティア

第8章　県立柏原病院の小児科を守る会

ママたちが閉鎖寸前の小児科を復活させた

第9章 吉永小百合さんが朗読する沖縄の物語
「ひめゆり」の祈りを伝えるために——

第10章 救急患者輸送で離島の人々の命を守る自衛隊員
フライング・シーサー、命をかけて、命を救う!

第1章　スマイルこどもクリニック

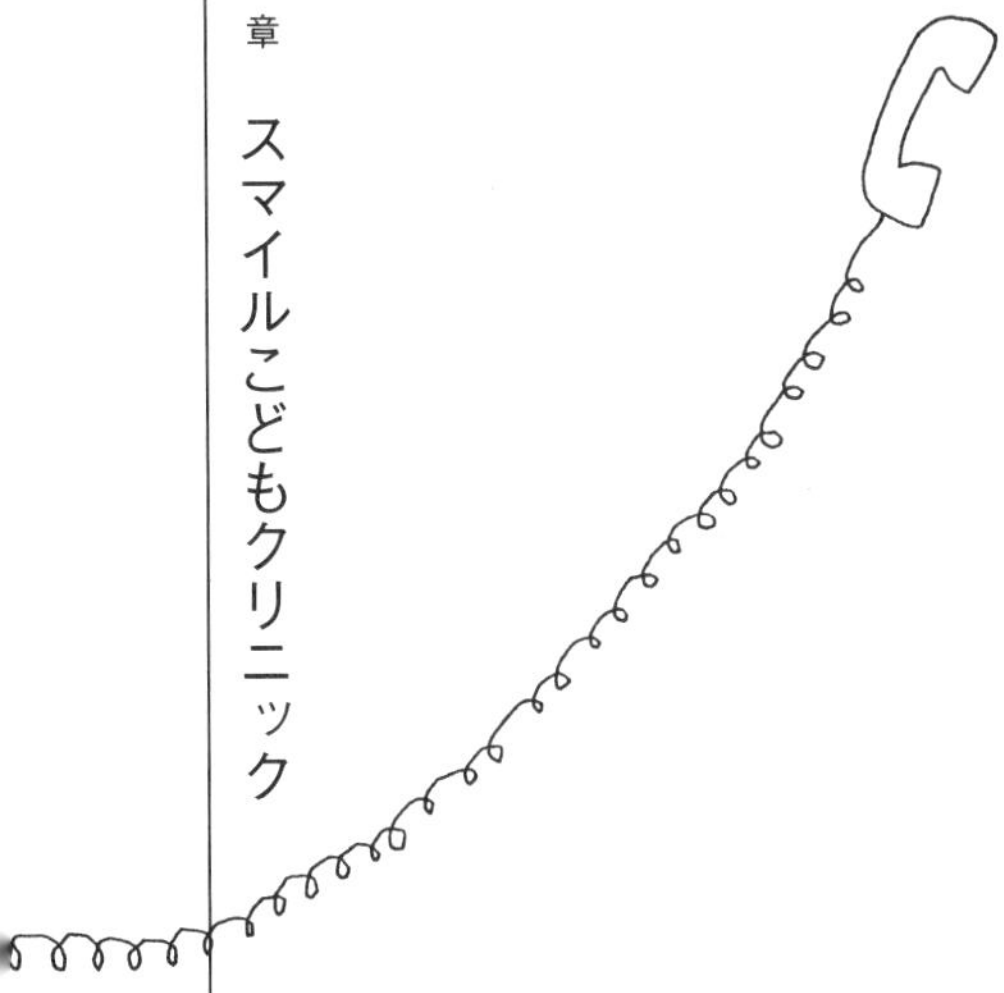

24時間、年中無休の小児科医夫婦が誓ったこと

「キツい、儲からない……」と、小児科が減り続けるなか、わが子の命の危機をきっかけに小児科医に転向した夫婦は、24時間365日診療のクリニックをオープンした。夫婦すれ違いの生活だが、「1人の子どもも死なせない」と誓った決意が家族を固い絆で結ぶ。スマイルこどもクリニック、加藤隆院長とユカリ副院長夫婦の愛いっぱい奮戦記。後に問題となる小児科の崩壊はここに始まっていた。（2002年2月19日）

肩書き・年齢は取材当時のものです。

——横浜市戸塚区、24時。「ここ、コンビニつぶれたと思ったら次のコンビニもつぶれて、今度は小児科でよかったね」「小さな子どもを持つ親としては大助かりよね」「ねえ、夜間も診察するんだってよ」「ますますよかったね」「ここの男先生と女先生、夫婦2人で交代でやってるんでしょ。すれ違いで、大丈夫かしら……」。

「取材のために5分もとれません。3分にしてください」

「はい、スマイルこどもクリニックです」

いつものように元気よく受付の女性が電話に出た。午後10時。もちろん普通の病院ならばとうに閉めている時間だ。

「院長先生おられますでしょうか」

祈るような気持ちで記者はたずねる。

取材を申し込もうと電話することこれで5回目。院長の加藤隆さん（35）はいつも診察中で電話口にも出てこられない。

「はい、加藤です」

よかった。院長先生だ。

「お忙しいところ申し訳ありませんが、5分だけいいですか」

「いえ。3分にしてください。実は、今も患者さんが待っているんですよ」

結局、取材の依頼は郵送の手紙で行われた——。

日本で初めて、24時間365日無休の診療をスタートさせた小児科医院「スマイルこどもクリニック」。確かに理屈からいえば、医師が手を休めて電話に出る暇はない。それにしても、本当に5分の会話時間がとれないなんてことはあるのだろうか。

記者がクリニックをたずねたのは、1月下旬。午前0時を回っていた。横須賀線の東戸塚駅から徒歩8分。巨大なマンション群を抜けた幹線沿いに、ぼおっと温かな光が浮かび上がる。

ドアをあけた。不安な空気が待合室いっぱいに漂っていることが感じ取れる。ぐったりとした子どもと、心配を顔に張りつかせた親が、幾組も診察の順番を待っている。

夜間の当直医、隆さんの妻のユカリさん（36）と患者さん家族の許可を得て、記者は診察室の隅にそっと座らせてもらった。

受診しているのは、４歳の女の子。お腹《なか》が痛く、ここに来る車の中でも吐いたという。

「はい、ベッドにゴロンして」

「やだ」

子どもは大人とちがい、診るまでが大変だ。ユカリさんに母親、看護士に救急救命士も加わり４人がかりになる。

「小児科は、注射ひとつにしても人手が何人もいります。手間がかかるわりに診療報酬が少ない。キツイ、儲からないということで、最近の医学生には小児科志望は極端に少ないですね」

あとでしてくれたユカリさんの苦笑まじりの解説だ。そのために、小児科は減少傾向にあり、10年前に全国に４０００軒以上あった小児科は平成12年には３４７４軒と、厚生労働省の調べでは16パーセントも激減している。そんななかであえて24時間年中無休の小児科を加藤さん夫妻は始めたのだ。

「はい大丈夫。もう治るよ」

当初は腸重積症《ちょうじゅうせき》が疑われ、診察室に緊張が走った女の子だったが、検査の結果風邪と判明。薬の処方をしながら、ユカリさんが微笑《ほほえ》んだ。

「先生に、ありがとうございますは？」

母親が言うと女の子がようやく泣きやんだ。そして、

「あ・り・が・と・う・ご・ざ・い・ま・す」

時計の針は午前1時を回っていた。

「最後に笑ってくれてよかったわ」

親子を見送りながらユカリさんが呟《つぶや》く。

「私、カッコいいこと言うわけじゃないんですけど、子どもやお母さんの笑顔を見るとホッとするんです」

診察室の扉があいた。もう次の患者さんが入ってくる。本当に、一瞬の休みもないことを目の当たりにして、診察室の隅で記者はよりいっそう体を小さくする。

電話にも出られないなんてまさか、とわずかでも疑った自分が恥ずかしくて。

わが子の命の危機を転機に小児科医に

午前3時。ようやく患者さんの波が途切れた。貴重な空き時間だが、記者は聞きたいことではち切れそうになっている。いったいどうして、こんな大変なことを始めようと思ったのか。いや、そもそもパートナーであるご主人との出会いは?

「私たちは、鳥取大学医学部の同級生でした」

ご主人で院長の隆さんは「本当にまじめな学生だった」という。かたやユカリさんは、「勉強嫌いで、試験の前にガーとやるタイプ（笑）」。

1992年にそろって卒業、医師国家試験に合格してすぐに結婚する。勤めたのも、鳥取大学病院の精神科で一緒。93年夏には、長女のかりんちゃんが生まれた。そして2年後。2人の運命を変えた出来事がおきる。

「95年の夏、2人目の子どもを妊娠していた私は、実家に帰省中に突然、破水してしまったんです」

まだ33週目。帝王切開で生まれた赤ちゃんはわずか２０８０グラムの未熟児だった。

「すぐに新生児集中治療室に入れられましたが、私には何もしてあげられない。とにかく心臓と肺だけでもいいから動いてほしいとベッドの上で祈りながら泣いていました」

「命の温《ぬく》もりだけは消えないで」という彼女の祈りが通じたのだろう。隆太郎くんと名付けられることになる長男は、呼吸停止の危機も乗り越え、順調に回復をはじめた。

その時だった。ユカリさんの心のなかに激しい思いが燃えはじめたのは。

「なぜ、人は生きるのだろう。恥ずかしい話ですが、医学を6年も学んできたくせに、私はそんな根源的なことを、この時はじめて考えたんです。と同時に、子どもの命にかかわる仕事をしていきたいと、痛切に思いました」

子どもの命を救うには、小児科の勉強だけでは足りない。外科も内科も学び、すべてに対応できるだけの知識を身につけなければならない。

アメリカでスーパーローテートと呼ばれるそうした医師を、実は夫の隆さんは大学時代から目指していた。

「それまで私は、そうした彼の考えに否定的でした。専門の勉強さえやっていればいいという考えでしたから」

ユカリさんは、隆さんに相談した。せっかく安定した生活を捨ててでも、もう一度1年生からやり直す決心で勉強をしたい……。

当時のことを思い出したのだろうか。ユカリさんが感慨深い表情を見せた時だった。

「先生、電話が入りました」

看護婦さんが、私たちを現実に引き戻した。

「2カ月のお子さんなんですが、咳《せき》が止まらないということで20分後に見えます」

ユカリさんの顔が変わった。明るく染めた髪の下の表情がきりりとひきしまる。あの、現場の顔だ。

「2カ月ですね。何といっても乳幼児は心配ですから」

しらじらと冬の空があけそめてくる。午前8時。結局そのまま、ユカリさんは隆さんと交代の時間を迎えた。

この日、0時から午前7時までの間にユカリさんが診た患者は24人。前日の午前7時から0時までの来院者は94人。

このささやかな空間で夫婦が受け止めた子どもの命。24時間で、100人近く。

「子どもたちを1人も死なせたくない」という強い思い

「それは、はじめは大変でした。当時勤めていた国立病院を辞めて勉強し直すことは、将来の保証も捨て、給料も半分になるんですから」

ユカリさんと交代で診察室の主《あるじ》となった隆さんは、妻の決意を聞いた時のことをこう振り返る。白衣の胸元からのぞくドラえもんの柄のネクタイ。この優しい笑顔が、子どもたちの不安をどれほどしずめてきたことだろう。

「彼女にしてみれば早産で死にかかった子どもを『助けてもらった。次は恩返ししなくちゃ』という気持ちが強かったんでしょう」

もともとスーパーローテート方式に憧《あこが》れていた隆さんだった。妻の決意に否はない。1歳と3歳の子どもを抱えたまま夫婦は安定した生活を捨てて再び勉強の道に入る。

いくつもの病院の現場に立った。小児救急で研修した時は、まだまだ日本は小児科では発展途上だとも思った。勉強の仕上げとして、昨年（2001年）1月から3月まで2人でのアメリカ留学から帰ったあとのこと。隆さんはユカリさんから新しい決意を聞くことになる。

小児科医療の不備を国や病院や医師会のせいにするのはやめよう。自分たちで子どもの命を守るクリニックをつくろう。

「正直いって僕は否定的でした。小児科医はどんどん減っていて人材の確保が困難。採算だってとれるかどうか」

隆さんが相談すると「小児科なんて一家の主がやる仕事じゃない」と怒りだす先輩までいたと言う。

しかし妻の決意は固かった。

「一歩も引かずに『どうしてもやりたい』と言うんです。それを聞くうちに『そうか、やってみなくてはわからないよな』と思い、やがて『できたら素晴らしいよな』と気持ちが変わっていった」

2人の熱意に周囲も動いた。反対されがちな夜間の診療だが、地域の医師たちは理解を示した。大家さんは「社会に貢献できることが見つかった」と保証金などを考慮してくれた。「そういうことなら」と機械を安くしてくれた医療機器メーカーもあった。

01年8月7日、開院。

「施設はこの規模のクリニックとしては異例ずくめでしょう。小児のことながら一次救急としてできることはすべて対応していきたいという発想です。スタッフ全員がＭＦＡ（小児救急救護国際認定）を受けています」

開業から３カ月は夫婦交代で24時間診療をやっていたが、12月になって医師も6名に増えたことから24時間３６５日無休を計画。1月1日からの実施をホームページで発表する。しかし、ここでとんでもないアクシデントが。なんと2人の医師が突然辞めてしまったのである。

「青天の霹靂《へきれき》でした」

２人は諦めなかった。子どもたちを鳥取のユカリさんの実家に預けて、新年からの無休を決行。そこから１週間の総診療時間１６８時間のうち加藤夫妻でなんと１５０時間を担当するという離れ業をやってのけたのだ。

「僕たちの願いは、妻がいつも言っていた一言に集約されます。『子どもたちを１人も死なせたくない』ただそれだけの思いだったんです」

しかし、そのことは家族が完全にバラバラな生活を送ることでもあった。隆さんがしみじみと言う。

「僕は昼型で妻は夜型。ちょうどいいね、とはじめは笑っていた。でも、実際にやってみると夫婦のすれ違いはここまでになるのかと愕然《がくぜん》としました」

それでも、加藤家の絆《きずな》はゆるがない。その秘密はどこにあるのだろう。

「私たち夫婦の体を心配したスタッフのひとりの先生が、深夜勤務を買って出てくださったので、明日は久しぶりに一家がそろいます」

隆さんにそう聞いて、記者は自宅にお邪魔することにした。子どもたちの治療にかける2人の情熱の秘密がそこにあるような気がして。

「ママと一緒にいるのと、子どもが助かるのとどっちがいい？」

クリニックから「駆け足で3分」のマンション。夜の9時にお邪魔すると、小学校2年生のかりんちゃんと幼稚園年長組の隆太郎君が、ユカリさんにまとわりつきながら出迎えてくれた。

「たまにお母さんがいると、もうべったりなんですよ」

隆さんは少し羨《うらや》ましそう。

「今日は帰宅した午前10時から夕方5時まで一気に眠れたんです。いつも午後1時半に娘が帰ってきて起こされるんですが」

ユカリさんが言うと、かりんちゃんが口を尖《とが》らせる。

「私、ママに『友達の家に行ってくるね』って言ったら、ママ『うん』て答えてたよ」

「あらそう。じゃあ夢の中でかりんと話をしたと思ったのはホントのことだったのね」

実はこの家には子どもたちのベッドの上にカメラがある。クリニックにいても、２人の様子がモニターできるようにとの配慮からだ。

「でも、それを使ったことはありません」

夫婦はどちらかが必ず子どもたちといるようにしているのだ。

「でも、そうすると今度は私たちが完全にすれ違ってしまうんですよ」

隆さんが苦笑するのを遮《さえぎ》るように、ユカリさんが微笑む。

「そうなんです。でもね」

ちらりと隆さんのほうに目をやるとこう続けるのである。

「人のつながりというのは時間ではないと思う。だから、家で交代する時には5分でも主人と手をつないでお互いの目を見て話すんです。特別なことを話しているわけではないんですけれど」

子どもたちも最初のころはユカリさんが出かけようとすると「行っちゃやだあ」とグズることもあった。そんな時、ユカリさんはこう言った。

「ママがかりんと隆太郎と一緒にいるのと、クリニックに来ている子どもが助かるのとどっちがいい？」

幼い2人はしばらく考えたあとこう答えたという。

「子どもが助かるほうがいい」

昨年（01年）のクリスマスのこと。午後11時ごろ、4歳の男の子が熱とひきつけでクリニックに運び込まれてきた。当直していたのは隆さんだった。

「エコーを撮っている時に突然呼吸が停止した。酸素吸入などを施しながら、スタッフに緊急招集をかけました」

自宅にいたユカリさんは子どもたちをお風呂に入れ終えたところだった。2人だけを自宅に置いておくわけにもいかない。ユカリさんは湯冷めしないように子どもたちに暖かい格好をさせると、両手に1人ずつ手を引いてクリニックへと向かおうとした。

「その時でした。子どもたちのほうが私よりも先に走るんです。『死にかけている子がいるならママ、早く行ってあげなくちゃ』と言って」

クリニックに着いて救命措置をしている間も、かりんちゃんと隆太郎くんはしきりに聞いた。

「大丈夫？　大丈夫なの？」

そして翌日になっても、

「あの子どうなった？　大丈夫だった？」

幸い男の子は未明には元気になって帰宅していた。

ユカリさんは今でも救急車の音が近づいてくると、自らが隆太郎くんを早産して不安にさいなまれていた時のことを思い出すという。

「私は今まで子どもを死なせたことがないし、これからも絶対に死なせないという思いでいます」

夜間の診療をやると、軽症の子どもまでもが駆け込んでくるという批判もある。

「それでもいいんです。100人の軽症の患者がいれば、そのなかに1人は確実に重症の子どもがいます。私たちは100人に1人の子どもも死なせてはならないのです」

隆太郎くんが、ユカリさんの膝に上ろうとしている。かりんちゃんが背後からお母さんの首にしがみつく。その手をやさしく押さえてユカリさんは言う。

「この子たちに両親の仕事のことをことさら言い聞かせてはいません。でも……」

隆太郎くんがユカリさんの膝から飛び下りた。一時は命が危うく、そして夫妻が24時間子どもたちの命を救うようになったきっかけをつくった彼も、今では元気いっぱい。

「ぼくね、保育園でいちばん小さかったのに、今では前から6番目！」

目を細めてユカリさん。

「こないだね、隆太郎が言ったんですよ。『大きくなったらお医者さんになって、当直、代わってあげるね』って」

隆太郎くんが怒った。

「ダメじゃないママ！　内緒だって約束したのに！」

「ごめん、ごめん」

ユカリさんの笑う目線が、隆さんのそれと絡《から》み合う。ああ、これなんだ。記者は胸の奥が、ボッと熱くなる。

時間じゃない。視線を合わせるだけで、２人は結びついているというのは。

「……でね。主人と、そんな時が本当にくればいいねって話していたんですよ」

いいえ。隆太郎くん、きみはもう十分に、当直をつとめている。かりんちゃんにしても同じこと。

どんなに忙しくても、２人と会う時間が少なくても、お父さんとお母さんはきみたちの気持ちと一緒に診察室にあって、今日も子どもたちを救い続けているのだから。

「この病院がなければ、うちの子たち死んでます」

「うちは、地域の患者さんから『コンビニ小児科』と言われているんですよ」

隆さんが笑う。24時間365日開いているからだけではなく、クリニックがある土地は実際に以前コンビニが営業していたのだという。

「でも、患者さんたちにそう言われるのはむしろ嬉しいんです。３年前赴任した北海道は東西１５０キロの間に小児科医１人だけという地域。帰る時『私たちはどうなるんですか？』と言われましたから」

驚いたことに、隆さんとユカリさんはもう僻地《へきち》医療のために次のクリニック開設のことを考えはじめている。

「たまたま、うちのようなところが近所にあってラッキーだったということでは困るんですよ」

昨年（01年）末、24時間診療を始めた段階で、もう次の候補地探しを始めていた。土地の仮契約まで進んでいたのだという。

「資金ぐりも大変ですが、僕と妻が働くことで人件費は抑えられるわけですから」

その計画は、２人の医師が辞めたあの『青天の霹靂事件』で頓挫《とんざ》してしまったが、余裕が出てくればまたすぐに進めるつもりだ。

「この記事もだから嬉しいんですよ。これがきっかけで若い先生方が小児科に興味を持ってくれればと思って」

ふといたずら心を起こした記者はユカリさんに聞いた。

「『女性自身』とか『ＶＥＲＹ』読んでます？　シロガネーゼって知ってますか？」

「ごめんなさい！　知りません（笑）。これからそういう雑誌も定期購読します」

ブランドの洋服は買ったことがない。連ドラも見たことがない。しかしそれはユカリさんにはほかになすべきことがあるからだ。

当直の交代の時間がきた。ユカリさんの番だ。白衣を着て、診察室の椅子《いす》に座る。今日最初の患者は、明日が2歳の誕生日という女の子。

ホッと安心した表情で母親が言った。

「この病院がなければ、うちの子たち死んでます。いえ、大げさではなく」

女の子は昨年（01年）の大晦日の11時ごろにもこのクリニックにやってきたのだという。

「あとになって、先生たちが患者さんが途切れた合間に、カップ麺で年越し蕎麦《そば》を召し上がったと聞きました」

だからどうなのだという言葉まで母親は言わない。母であれば親であれば人であればそのあとの言葉はいらない。当たり前だが尊いなにものかだけがそこを照らしている。

スマイルこどもクリニックの灯が今日もひとときも消えることがないように。

【その後の物語】２００９年現在、加藤夫妻のお子さんたちは3人に増えている。かりんちゃんは高校1年生、隆太郎君は中学2年生、3人目のりりかちゃんも3歳になった。

「大きくなった子どもたちも、今回、本になる話を楽しみにしています」とユカリさんは語ってくれた。

第2章

バーンロムサイ・名取美和さん

タイのHIV感染孤児たちと生きる元「お嬢さま」

幼稚舎から慶應に学ぶも、高校で中退してドイツに留学。それから日本とヨーロッパをまたにかけた放浪人生がはじまる。ドイツでは恋に落ちた老舗の御曹司と「できちゃった婚」をしたが、出産後1週間で離婚。以来、離婚2回、転職10回、引っ越し39回。そうして自由奔放に生きてきた「日本の写真の父」の元お嬢さまは、タイで本当の幸せをみつけた。

（2004年1月27日）

肩書き・年齢は取材当時のものです。

――タイでは現在、60人に1人がHIVに感染しているという。両親ともエイズで死亡して1人遺《のこ》されたり、あるいは親に置き去りにされるHIV母子感染孤児も多い。そんな子たちのための生活施設のひとつ『バーンロムサイ』代表は日本人女性、名取美和さん(57)。ひょんなきっかけでタイに移住した美和さんに、6回目の冬が巡り来た。

南の国から来た小さな客人たち

「わあっ。ねえ、メー・ミワ、息が白いよっ」

どことなく華やいだ師走の六本木。子どもたちがはしゃいで、白い息をしきりに吐き出す光景に、足早な人々の何人かは微笑《ほほえ》みを投げて通り過ぎていく。一目見て、子どもたちが南の国からの小さな客人であることがわかるからなのだ。

「雪ってどんなの? いつ降るの?」

「地震て怖いんでしょ？　どんなふうに揺れるのかな？」

子どもたちの矢継ぎ早な質問に答えているのは日本人の女性だ。メー・ミワ。メーは子どもたちの母国であるタイの言葉でお母さん。自然のままの白髪まじりの髪の下に、化粧っけのないふくよかな顔。確かに名取美和さん（57）は、その愛称にぴったりだ。

「でも、こうして寒いところにいさせると、風邪をひくのが心配なんです」

子どもたちが来日したのは、美和さんが代表を務める孤児の生活施設『バーンロムサイ』で入所者たちが創作した絵画や陶芸作品の展覧会のため。タイの北部、チェンマイ市郊外にある施設には１歳から12歳の27人の子どもたちが生活している。来日したのは、そのうちの10歳から12歳までの年長組５人だ。

彼らの風邪を気づかうのは、美和さんが過保護だからではない。子どもたちは全員が風邪のウイルスに対してきわめて免疫力が弱い、後天性免疫不全症候群――ＨＩＶ――の感染者だからなのだ。

「現在、タイ国内には７万５０００人のＨＩＶ母子感染児がいると言われています。仕事のない貧しい地方の男たちが大都会に出稼ぎに行き、そこで歓楽街の女性たちとセックスをして感染する。その事実を知らないまま故郷に戻って妻にうつすと、生まれてくる子ど

もの3割がすでにHIVウイルスに感染しているんです」（美和さん）

子どもたちは平均2歳で両親を亡くし、本人も平均5歳で亡くなる。その限られた生をいくらかでも延ばすために、美和さんはこまやかな心遣いを余儀なくされる。

「メー・ミワ、大変！　薬の時間に遅れちゃうよ」

HIVの薬は月に3日飲み忘れると発症する可能性が高くなる。東京見物や、八景島シーパラダイスへの遠足から戻っても子どもたちは、自分から美和さんの手を引っ張って薬を飲みにいく。綱渡りのようにして命の炎を燃やしつづける彼らと、それを助け見守る美和さん。これが6年前タイを訪れるまで、HIVについてほとんど何も知らなかった女性だと誰が思うだろう。

「わたくし、そのときは感染者の方と一緒に昼食をいただくことにすら戸惑いがありましたもの。唾液からは感染しないということすら知らなかったんですね」

それが今では総勢58人という施設の「メー」に。

「でも最初は社会貢献とか使命感に燃えてとか、そんなご立派な気合いが入っていたわけではないんです。できることがあればやりましょうというお手伝いのつもりでした」

なんでもまずは飛び込んでみる。そんな美和さんの奔放《ほんぽう》な生き方は、実はこれまでは別の方向に発揮されてきた。

「わたくしって、本当に男運がないの。わたくし、もう本当に男に興味ない」

そう笑う美和さんの結婚、離婚歴は2度。それ以外に一人娘をほうっておいての恋愛遍歴数知れず。ヨーロッパと日本を行き来しながら転職すること10度。まさに「元祖フリーター」を自任してきた美和さんは、しかし今白い息を吐く子どもたちを見ながらこう言うのだ。

「子どもたちとの暮らしが楽しくて、こんなに人生って幸せだったんだと思っちゃうわ」

『おしん』が大嫌いなお嬢さまだった

すこぶるつきのお嬢さまだった。

父親は写真家の故・名取洋之助さん。留学先のドイツから日本に報道写真という世界を持ち込んだ伝説のカメラマン、「日本の写真の父」である。その父の名取和作《わさく》は貴族院議員も務めた財界の重鎮《じゅうちん》で、美和さんは小田原市国府津《こうづ》にあった祖父の宏壮《こうそう》な邸宅が好きだった。

母親の玖《たま》さんはプロレタリア作家・宮嶋資夫《すけお》の娘。そんな両親のもと、正月にはドイツ料理の名店のシェフが出張して料理を作るような一族に育ち、学校は幼稚舎から慶應という美和さんの人生観は、だからはっきりとしている。

「わたくし、『おしん』的な世界は大嫌い。忍耐はいいエネルギーを生まないと思うんです。どうして、辛い道をやめて新しい挑戦をしてみようと思わないのかしら」

美和さんの最初の「新しい挑戦」はドイツ留学だった。「忍耐」だった日本での高校生活を中退しての渡航は、まだ日本人の海外旅行が自由化される前の62年のこと。国内外に幅広い人脈と名声を持つ、父・洋之助さんの力によるものなのは言うまでもない。

しかし、その父は美和さんがドイツのデザイン学校に入学してまもなく死去。まだ16歳だった。以来、日本とヨーロッパをまたにかけた美和さんの放浪人生が始まる。

「東京ではデザイン会社に勤めたけど半年で辞めちゃった。そのあとはパリで新聞売りをしたり。日本人の観光客にお金を恵んでもらったこともあるのよ（笑）」

最初の恋に落ちたのは、達者な語学を生かしてドイツでコーディネーターをしていたときだった。相手は日本の老舗《しにせ》洋菓子会社の御曹司。その両親に紹介されたときには、美和さんのお腹《なか》にはすでに娘の美穂さん（35）がいた。

まだ「できちゃった婚」なんて言葉があろうはずもない時代である。保守的な夫の一族の白い目と、それに抗《あらが》う気概も見せない彼に愛想をつかした美和さんは、なんと出産後1週間で離婚を決意。すったもんだのあげく離婚が成立すると、さっさと美穂さんを抱いてドイツへと渡る。このとき美和さんはまだ24歳だった。

「動いていれば何かしら道は開けてきますから」

言葉ができるうえに、編集者としても卓越していた父親から受け継いだセンスがあった。海外取材が始まったばかりの日本の雑誌社が次々と仕事を依頼してくる。

「美穂を連れての取材旅行が大変でした。グラナダへ連れていったときも『ここから動いちゃダメよ』と、駅前に置いたカメラバッグの上に座らせておいたんですが……」

撮影に熱中し、ハッと気がつけば3時間が過ぎていた。慌てて駅に戻ると3歳の娘は別れたときと同じ姿勢のまま、涙をぽろぽろこぼしながらじっと座っていたという。

28歳のときに日本で2度目の結婚をしたのには、美穂さんを1人にしておけないという思いもあったかもしれない。相手は駆け出しのカメラマン。しかし、これも失敗だった。

「独立したばかりの彼は、まだ仕事がなくて。仕方なく私が保険の外交員をやりましたよ。

でも一通り親戚《しんせき》に売ったらもう万事休す」

今でこそそう言って笑う美和さんだが、暗い性格の夫との生活は、貧しくても明るく生きたい美和さんには辛い時期だったようだ。

1年そこそこで美和さんは娘の手を引いて夫の家を出る。75年。街には小椋佳《おぐらけい》の『シクラメンのかほり』が流れていた。

真っ赤なベンツにホテルの朝食という生活

奔放な美和さんの生き方を陰で支えていたのは、母の玖《たま》さんだった。飛び回る美和さんにかわって美穂さんの面倒を見、ときには経済的な手助けもした。しかし、さすがの玖さんも堪忍袋《かんにんぶくろ》の緒を切ったことも。

「あれは25年前、パリへ向かう飛行機の中で出会った写真家とひと目で恋に落ちて……」

3週間のロケだからと言って娘を母に預けてきたのに、なんと美和さんは帰りの飛行機をキャンセルしてしまう。そのまま連絡もしないで1カ月。恋人の写真家とヨーロッパ中を旅して回ったのだ。

「母には烈火のごとく叱られましたね。『母親の自覚が足りない』って。まったくおっしゃるとおりなんですが、でも素敵な恋だったのよ……」

そんな玖さんが亡くなったのが80年。強力なバックアップを失った美和さんは、国内で仕事を見つけることを余儀なくされる。そこで始めたのが、ヨーロッパで鍛えた審美眼を活用しての西洋骨董の店だった。

友人２人と共同出資して開いた店の場所は六本木。折しも日本はバブル景気への上り坂を驀進《ばくしん》していた。

「あのころがわたくし、生涯のなかでいちばん裕福だったかもしれません。真っ赤なベンツのオープンカーを乗り回したり、ホテルで朝食をとってからお店に出たり」

しかし、日本での日本人相手の商売は、否応なく祖国の人々の嫌な面をも美和さんに見せつけることになる。

「骨董を買うにしても、自分の美意識ではなくて値段や評価が第一。そのくせ、品物を届けにいくと、よくこんなセンスで住んでいるわね、というような家が多くて」

自分のなかに鬱積《うっせき》していく「日本」への憂鬱《ゆううつ》な思い。それが爆発したのは、ある出来事がきっかけだった。

「自宅へ帰る途中で、貧血で倒れてしまったんです」

場所は駅のロータリー。なのに誰ひとりとして美和さんに手を差し伸べる人はいない。

「日本人はどうしてこんなに人に対して無関心になってしまったのかと思いました。私が日本で感じる『生きにくさ』というのは、これだったのか、とも」

91年、日本に絶望したかのように美和さんは店を畳んでヨーロッパに渡る。しかし、コーディネーターや骨董の買い付けをしても、昔のような情熱は戻ってはこない。

「しばらくタイにでも行ってみようかしら」

ずっと好きで続けている手芸で使う、いい布でも見つかれば……。97年、そのくらいの軽い気持ちで出かけたタイで美和さんは出会ったのだ。友人の医師に付き添って訪れた貧しい家。死を待つばかりのＨＩＶを発病した20代の母親と、その横でチョコレートを齧《かじ》る、やはり感染者の幼い子どもに。

チョコレートはおそらく、もはや食事を作れない母親が与えたのだろう。

「わが子を感染させた悔しさと、その子を残して死んで行く哀しさ。このお母さんはどんなに辛いだろう……」

そう思ったとき、美和さんはこう言っていたのだった。

「わたくしにも、できることがあったらやりましょう」

誰でもいつかは死ぬ、でも死ぬ時を選べる人はいない

思い立ったらまっしぐらに突き進む美和さんの行動力が炸裂《さくれつ》した。今度は、子供たちの魂を救うことに向けて。

99年11月。『バーンロムサイ』開園。はじめてほかの施設から10人の子どもたちが来たとき、美和さんは密《ひそ》かに思った。

「うわぁ、どうしよう! ついに来ちゃった」

しかし、現実はどんどん進んでいく。2歳から8歳までの10人のうち、2人がすでにエイズを発症していた。2歳の男児はやせ細って平均体重の半分しかなく、歩くことも話すこともできなかった。

「ホームに来ると、最初の3日間は子どもたちは泣き続けます。心細いのです。生み捨て

られて、親をまったく知らない子もいます」

孤児であるというだけで子どもたちが抱えている悲しみ。しかし『バーンロムサイ』の子どもたちはそのうえ病気までも背負っているのだ。

「食べたはしから吐き、下痢をする子が、いつも半分はいました。子どもを抱えてトイレに駆け込み、汚れた服やオムツを取り替え、落ちついたらシャワーを浴びさせる。そして寝かしつけるんです」

それでも日に日にやせ細り、表情が虚《うつ》ろになっていく子もいる。園では手に余ると判断すると美和さんは自分で車を運転して、病院に担ぎ込む。

そして、心のケア。

「本当の親、家族のことは、子どもが自分で話すまで聞きません。ただ、自分で話したくなったときには、その言葉にゆっくりと耳を傾けます」

食事のあと。食堂のテラスに座っている美和さんに子どもたちは体をすりよせてくる。そして、誰からというでもなく、話し始めるという。

「ボクのポー（お父さん）はね、死んで山に埋められちゃった」

「私はね、本当のメー（お母さん）がいちばん好き。もういないけど」

「いなくなったポーがぼくをぶったのは、ぼくを愛していたからなんだ。だから、いつか帰ってきたら、ごめんなさいと言うんだ」

子どもたちは本当の家族の話をするとき、満ち足りた表情をするという。たとえそれが暴力を振るう父や、もう亡くなった母のことであっても。

「これまでに10人の子どもたちが亡くなりました。普通の家ではごくあたりまえの誕生日も、ここでは無事に1年、生きたという、かけがえのない日なんです」

4歳で亡くなった少女・カオホムはベッドで本を読んでもらうのが大好きだった。言葉も通じないのに、なぜか美和さんの隣に寝るのが好きで大きな瞳をパッチリとあけて美和さんに「ミーワーチャン」と呼びかけるのだった。

寄付集めを兼ねて出席した慶應中等部の同窓会会場にいた美和さんの携帯に、カオホムの訃報《ふほう》が入った。

美和さんの半生を書いた『生きるって素敵なこと！』（講談社刊）の著者・佐保美恵子さんは、友人が語ったそのときの美和さんをこう記している。

〈美和は電話を切るなり「ちょっとごめんなさい」と言ったきり、唇をかんだまま高い天井をじっと見つめた。

「涙を耐える彼女を前にしたとき、『この人、本当は必死なんだ！』って改めて思いました。自由奔放に生きて来た人が今、とっても重たいものを背負っているんだと、強烈に感じた瞬間でした」〉

園にとって9番目の別れとなる6歳のピチットの最期が近づいたとき、美和さんは子どもたちに対して『死』について語ろうと決意した。

「ピチットはもうすぐ天国に旅立っていくかもしれません。今までのようにみんなとは暮らせなくなるの」

美和さんは子どもたちに、これまで園であった出来事を思い出させる。子犬や子猫が生まれ、一方で何匹は死んでいったこと。サナギから誕生し大空に飛び立つ蝶もいれば、雨に打たれて死ぬ蝶もいたこと。だから、人間も、動物も、昆虫も、植物も、生き物には必ず死が訪れるのだと、語りかける。

「メー・ミワ、ぼくたちもいつか死んじゃうの？」

子どもたちの1人が言う。

「私のメーは死んじゃったけど、そのあと、会いに来てくれたこともあるんだよ」

その少女にとってそれは本当だったのだろう。ひとしきりあがった声が静まるのを待って、美和さんは微笑んだ。

「生まれてきたからには、誰でもいつかは死ぬの。メーたちだって死んじゃうの。でもそれがいつかは誰にもわからないし、死ぬ時を選べる人はいないのよ。命には、終わりがあるからこそ、毎日元気に過ごせて、楽しいと思えるのが素敵なことなの」

目の前の子どもたちの持っている時間は、あるいは長くないのかもしれない。だからこそ、美和さんはこのことを子どもたちに伝えたい。

「命の長さは関係ない。与えられた命を、一日一日懸命に生きることが大切なのよ」

ピチットが逝《い》ったのは、まもなくのことだった。泣いてすがりつくひとりの保母の肩を、ピチットは細く小さくなった手で何度も何度もたたきながら言った。

「泣かないで。ぼく、もうすぐ天国のポーとメーに会えるんだから」

2年3カ月の間『バーンロムサイ』の空気を吸い続けた小さな胸が最後の呼吸を終えると、美和さんは唇を噛みしめたまま、無言で溢《あふ》れる涙を何度も拭《ぬぐ》った。

ピチットの骨は小さな素焼きの壺に入れて麻の布で覆いをされ、火葬場に聳《そび》えるルンの木の根元にそっと置かれた。先に逝った8人の子どもたちの壺と並べられて。

日本人は幸せのハードルを上げすぎている！

〈2003年もいろいろな事がありましたが、一番嬉しかったのはこの1年1人として子どもを失うことなく過ごせたことです〉

今年の元日、美和さんは『バーンロムサイ』のホームページの日記にこう書いた。六本木で開かれた展覧会は大成功に終わり、美和さんは子どもたちが持つ可能性に驚かされっぱなしだ。

「7歳で園に来た女の子、ガンガニは、自分の思いどおりにならないと服を脱ぎ捨てて泥水の中を転げ回る子でした。字も書けなくて。それが絵筆を持たせたら1時間もかけて、凄く精緻《せいち》な絵を描いたの」

10歳の少年スラチャイは、幼いときに動物園で姉と置き去りにされた。弱虫のいじめれっ子だったたが、絵を描くと別人に。鼻歌を歌いながら踊るように体を動かして自分の世界を作り上げていく。

「いままで自分の気持ちを表現できないだけだったのね」

いま、美和さんはとても幸せだという。

「そもそも日本人は幸せを感じるハードルを上げすぎたの。世間体とか金とかモノとかでね。ちょっと違うところを見れば違う幸せがあるのに。わたくしたちのホームは幸せのハードルが低いんです」

奔放な恋、ヨーロッパと日本を股にかけた活躍、そしてバブルのころに骨董品店を通じて見た日本人の卑《いや》しさ。そうしたすべてが、美和さんに今の幸せを見つけさせるために必要だったのかもしれない。

「1年中蚊帳《かや》を吊って寝ているの。すると雨期には蛍が蚊帳のまわりをゆらゆらと乱舞する。満月の夜には、お月さまと入浴したり。子どもたちと一緒に、豊かな自然に抱かれて、こんなに人生幸せでいいのかなと思うわ」

日本の福祉関係者が訪れて美和さんに「ここには何歳までいられるのですか」と質問したことがある。美和さんは驚いた。

「だってわたくしたちは家族なんだもの。子どもに何歳になったら出て行けという親はいないでしょう」

外の世界を知りたくなったら出ていけばいいし、疲れたらまた帰ってくればいい。

「メー・ミワがおばあさんになったら私がごはんを食べさせてあげるとか、お化けになっても出てきてねという女の子もいるのよ。まだ家族は始まったばかりよね」

ホームページの正月の挨拶を、美和さんはこう結んだ。

〈今年1年27人の子どもたち全員が元気で過ごせるよう共にお祈り下さい〉


【その後の物語】２００９年現在、バーンロムサイには31人の子どもたちが暮らしている。新しい治療薬などのおかげで、２００２年10月以降は1人も亡くなっていないと、美和さんはホームページで報告している。寄付により図書館やコンピュータルームも備えられ、村の子供たちとの交流も進んでいるそうだ。ホームページにはタイの雑貨や衣料品を扱うネットショップも加わり、鎌倉には実店舗もできた。http://www.banromsai.jp/aboutus.html

第3章

小さな独占企業の「はじめて物語」

モノづくりこそ日本人の魂だ！

9坪の町工場、村春製作所の家族6人が生んだ世界特許「傘ぽん」。アイラッシュカーラー一筋で年商4億円の沼澤製作所。おみくじの国内シェア7割の二所山田神社。小さな小さな独占企業の「はじめて物語」。

（2004年6月29日）

肩書き・年齢は取材当時のものです。

——神奈川県相模原市の村春製作所、埼玉県八潮市の沼澤製作所、そして山口県周南《しゅうなん》市の女子道社《じょしどう》。この3社は、ある意味で、日本のビッグ・スリーだろう。ひとつのものをコツコツつくり続け、いずれも国内シェア70パーセント以上、なのに社員は多くて32人。「いい物っていうのは、技術で作るんじゃない。いい人間が作るもの」その人たちに会いに行った。

奥さんの通院が生み出した傘ぽんのアイデア

しとしとジメジメ梅雨のど真ん中。買い物に行っても、銀行に寄っても、ちょっとお茶を飲みに入っても、この季節困るのが傘の置き場だ。入口に置けば盗まれる。持って入れば足元が濡《ぬ》れる。傘袋を置いている店もあるけれど、片手に大荷物を持って、なかなか口をあけないビニールに傘の先を……ええい、面倒くさい！

そんな悩みが最近、急に減ったと思いませんか？　理由は店の入口に置いてある、奇妙な箱形の機械。傘を差し込んで引き出すと、あーら不思議、傘がちゃんと袋の中に入っている。片手で操作できるので子ども連れでも、荷物を持っていても快適だ。

傘を入れてポンと引き出すからその名も「傘ぽん」。スターバックスもマツモトキヨシも、デパートの松屋も松坂屋も西武も高島屋も、この傘ぽんを置いている。日本の梅雨を、雨の日を快適にした画期的商品。どんな先端企業が開発したのかと思いきや、実はこれを作っているのは、パートを含めて従業員わずか10人の、村春製作所なのだ。

国内のシェアは１００パーセント。それどころかイタリア、フランス、イギリスなどへも輸出していて、特許も取得しているので世界で傘ぽんを作っているのは村春製作所だけという独占状態。商品名もそのままの「ＫＡＳＡＰＯＮ」なので、やがてはスシ、テンプラのように世界的に通用する日本語になるかもしれない。ブランド店の入口で守衛のおじさんが「カサポン、プリーズ」なんて言う日がきたりして。

そんな「世界の」村春製作所は神奈川県の相模原市にある。訪ねた記者を出迎えたのは、ピンクの傘をさした大きな傘ぽんの模型。その後ろから姿を現した専務の村上稔幸《としゆき》さん（46）が、いとおしそうに模型を見て、呟《つぶや》いた。

「これがなかったら、うちはもうとっくにダメだったかもしれませんねえ」

村上さんの父・春治さんが興した村春製作所は、かつてはステレオのパネル、通信機器の中の部品、半導体製造装置のパーツなどを作り、一時は生産が追いつかないほど忙しかったという。しかし、バブルがはじけ、仕事の量は一気に5分の1になってしまう。

「91年ごろで、ちょうど家内が3番目の子どもを産んだ直後。僕らの給料も20パーセントカットして頑張ったんですが、苦しい。これは何か自社のオリジナルの製品を作らないとダメだなと思いました」

産後の奥さんの体調は思わしくなく、村上さんは彼女に付き添って月に2、3回都内の病院へと通っていた。季節はちょうど今のような梅雨の真っ最中。その日も朝から雨が降り続いていた。

「病院に入ろうとしたおばあさんが、傘をビニールの傘袋に入れようとしてうまくいかずに困っていたんです。手伝って入れてあげながら、これはたしかに難しいな、荷物なんか持っていたら大変だ、と感じました」

奥さんが診察を受けている間、村上さんが待っていたのは玄関脇の喫煙所。目の前には、おばあさん同様に困っている患者さんたちが次々と現れる。(もっと楽な方法はないのかなあ。何か工夫できないかなあ)、そう考えながら煙草をふかしていたときだった。

「パッと、金属の箱のイメージが浮かんだんです。そのころは、仕事ばかりで外に出る機会などなかった。女房の病院通いがなければ、あんな光景に出合うこともなかったでしょうね」

災い転じて福となす。奥さんの通院が生み出した傘ぽんのアイデア。しかし、そこからの道は決して平坦なものではなかったのだ。

下請けで終わりたくない、メーカーになりたいんだ！

「とにかく、手本となるものがこの世に存在しない商品なんですから。たとえば傘の入れ方ひとつにしても横から差し込んで上へ持ち上げるのがいいのか、縦に下へ押し込むのがいいのか、それから決めなくてはいけないんです。頭の中は傘一色でした」

最初のころは「開発してみろ」と言っていた父の春治社長も1年もたつうちに不安になってきたらしい。

「やめよう。ほかに仕事を探そう」

と言うようになる。

「それからは、午後7時までは通常の仕事をして『社長が帰ったぞ』という掛け声が聞こえると、隠していた試作品を取り出して研究にとりかかりました」

試作は深夜にまで及んだ。試作品ができると袋を装着して試してみるが、傘が入る前に取れてしまったり、入っても破れたり。家に帰っても、そのことが頭から離れない。

「『パパは帰ってきてお酒を飲んだらその話ばっかり。いつになったらできるの？　本当にできるの？』って家内に言われましたよ」

しかし、そのたびに村上さんはこう答えた。

「大丈夫、今日もまた壁をひとつ越えたぞ」

最大の難関は、袋の口をどうやってつまんで開くかということだった。あの病院のおばあちゃんも苦労していたその作業を、人の指ではなく装置にやらせようというのだから大変なのだ。そんなある日のこと。

「靴をはこうとして靴ベラを持ったときにひらめいたんです。このヘラを袋の端にひっかければ、足が靴の中に入るように傘の先端を袋の中に誘導できるんじゃないかって」

研究をはじめてから1年半が経っていた。

「でき上がった試作品を見て親父は驚いた顔をしてみせましたが、すべて知っていたと思いますよ。ドラム缶にたまる廃材を見ればわかりますからね。でも、完成まで親父は何も言わなかった」

次のハードルは、パートナーを見つけることだった。村上さんの会社はあくまでも製作所。資金を出して試作品を大量に商品化し、販売ルートを開拓してくれる相手と手を組まなければならない。村上さんの売込み活動が始まった。

「1、2年は頑張ったでしょうか。大勢の人に会いましたが、『うまくいってから』、『特許がとれてから』という人ばかりで、冷ややかなものでした」

そんなときに出会ったのが、東京都千代田区にある老舗《しにせ》の計量器会社、新倉計量器の社長・新倉基成さん（67）だったのだ。今は顧問となっている新倉さんが振り返る。

「村春さんは『下請けで終わりたくない。メーカーになりたいんだ』という明確な意志を持っておられました」

村上さんの仕事ぶりも新倉さんをつき動かした。

「村上専務は当時まだ30代半ばなのに、テレビを見ることがないと言うんです。試作に毎日夜中の12時まで没頭していたわけですね」

新倉さんの支援で億単位の開発費を投入して試作品の改良を続けた村上さん。商品化1号機が完成したのは94年のことだった。ところが……。

「これが、売れないんです。人というのは慣れないものには手を出さないですね。失敗したらどうしよう、人が見ていて笑われるんじゃないか、と思ってしまう」

それでも新倉さんは地道に営業を重ねた。

「雨は降らなくなることはないし、傘の形も永遠に変わらない。そしてこの商品はエネルギーを使わない。売れないわけはないんですよ」

敵も現れた。出願中の特許がまだ下りていないのをいいことに類似品を売り出すメーカーが現れたのである。傘ぽんを買っていき、そっくり真似た悪質なものもあった。

「しかし、ここでも新倉さんの知恵で助かりました。特許を出願するのにはお金もかかるのに、とにかく全部出しておけといって20件以上も出願してあったのです。それが下りさえすれば、類似品は駆逐できるはずでしたから」

はたして自分のところだけに特許が下りるかどうか。ハラハラしながら待つ村上さんを支えたのは、当時まだ小学生だった長男のひとことだった。楽しみにしていた遠足の日に雨が降った。しかし、長男は村上さんを見てこう言ったのだという。

「お父さん、僕、雨でも残念じゃないよ。お父さんの傘ぽんが有名になるからね」

雨が降るたびに「よかったね」と言ってくれる子どもたち。その願いが通じたように、99年ついに特許が下りる。

そして、相模原の小さな企業の製品が日本の市場を独占することができたのだ。

30年間にわたって改良を重ねたビューラーで日本一に

女性の必需品、アイラッシュカーラー。通称ビューラーで国内シェアの70パーセントを誇る沼澤製作所も、従業員わずか35人の小さな会社である。埼玉県八潮市の工場は民家を継ぎ足したような建物だが、ここから生まれるビューラーは月に20万個。年商5億円というからすごい。資生堂の製品だけでもこれまでに１８００万個を世に送り出した。まさにビューラーの殿堂なのだ。

「うちは設備投資はゼロに近いからね。プレス機械の中では最安の手動の機械なんかを使っている。でも足でレバー踏むから健康にいい」

ガハハハハ、と豪快に笑う沼澤昭夫社長（53）はビューラーを作って38年のベテラン。大きな声、盛り上がった筋肉は、失礼ながら日本女性の美を陰で支えてきたとはとても見えない。

「いいものっていうのは技術が作るんではなく人が作るんだ。いくら技術があっても人の意見を聞かない人間はウチはいらない。そういう奴が言う言い訳は悪いことを正当化しているだけなんだから」

人が資本だからこそ、機械なんかは安いものでいい。いや、人についても沼澤さんの価値観はひと味ちがう。

「うちはリストラしない。しないどころかリストラされた連中を拾ってきて使っているわけよ。よそで余ったわけだからみんなひと癖もふた癖もあるけど、いいとこどりすればいいわけでしょ。仕事さえすればあとは放牧状態だよ」

沼澤製作所のビューラーとの関わりは古い。もとは金型職人だった沼澤さんの父の武夫さん（80）が下請けでビューラーの部品を作っていた。親会社から独立したのが昭和43年。当時定時制高校に通っていた沼澤さん以下の兄弟3人と両親の5人だけによるスタートだった。

「好きでこの商品を作ったんじゃなくて、これしかノウハウがなかったわけだ」

チャンスがやってきたのは昭和50年。資生堂から「４０００万人の化粧をする日本女性の目に合う製品を作ってくれ」という依頼がきたのだ。

「手本にする海外の商品を見ながら試作して、耐久性や使い勝手、合わせ具合などを比べるんだよ。こっちが勝っているところはそのまま、負けているところはなにくそ、と改良を重ねてね」

最初の試作品が完成するまで実に１年半。それから30年間にわたって改良に改良を重ねたのが現在の商品ということになる。

「資生堂の商品で言うと、最初に作ったものから今までに30カ所は改良しているよ。たとえば、シリコンゴムの部分は昭和56年に改良していて、それ以前のものについては、今のスペアーゴムは使えないんだ」

先日、資生堂からスペアーのゴムが合わないという客のクレームがまわってきた。まさかと思って調べると、56年の改良前の製品だったという。

「20年以上も使い続けてくださっていたわけだね。クレームをいただいたというよりも、ありがたいことだと感動しましたよ」

沼澤さんが記者を連れていったのは工場の裏。指さされたドラム缶を覗《のぞ》き込むと、なんとビューラーがびっしり。

「これ、ぜんぶ不良品なんだよ。メーカーに卸《おろ》す前に徹底的な商品チェックをする。この無駄がなければ、毎日飲み会が開けるんだけどな」

と、再びガハハハ笑い。

「オレはね、こんなふうに敬語も使えないし、営業トークもできない。だけどね、いいモノを作りますよ。オレにとっては、うちの製品は名刺がわりなんだ」

日本人女性のまつ毛を美しくしているのは、豪快な工場主に宿った、誠実な魂だった。

祖父が心血を注いだのが、おみくじと女性神主誕生

ふだん何げなく引いているおみくじ。考えてみればあれってどこで作られているのだろう。時には神妙な気持ちで引くおみくじが、無機質な大工場で作られているとすれば、なんだかちょっと興ざめだ。

ご安心を。全国のおみくじの70パーセントはちゃんと神社に隣接した宮司《ぐうじ》宅にある製造所で作られているのだ。山口県周南市にある二所《にしょ》山田神社。ここにある有限会社女子道社《じょしどうしゃ》で作られたおみくじが全国の神社に納められ、遠くはハワイにまで輸出されているのである。その数、年間２千万枚、種類も17種にも及ぶ。

「女子道社は、私の祖父である宮本重胤《しげたね》が作ったんです」

記者を製造所に案内してくれながら、二所山田神社23代目宮司である宮本公胤《きみたね》さん（62）が説明してくれた。

「男尊女卑の風潮が強かった明治時代に『大日本敬神《けいしん》婦人会』という組織をつくり、女性の神官登用運動をし、批判の矢面に立たされ意地になって女性の参政権にまで言及したのが祖父でした。女性の社会進出全般を支援しようと『女子道』という機関誌を刊行し、その発行元として女子道社を作ったんです」

今から１００年ほど前のことであり、女性解放運動で知られる平塚らいてうの『青踏社《せいとう》』よりも先を行っていたことになる。

「ところが人口わずかの寒村の田舎神主ゆえ、機関誌の発行費用がない。そこで思いついたのがおみくじでした。祖父は自分で江戸時代の文献を研究し、明星派の歌人であったことから、和歌なども巧みに引用してあのおみくじのスタイルを作ったんですね」

格調高い重胤さんの文体は、公胤さんの父親である清胤《きよたね》さん（82）にも受け継がれた。アララギ派に属し、斎藤茂吉から土屋文明《ぶんめい》に師事、その教養を生かして、おみくじの文面を書きつづけた。清胤さんは今なお、女子道社の代表取締役だが、10年ほどまえに体調を崩し、伝統の仕事は公胤さんに受け継がれた。高校の社会科の先生だった公胤さんだが、父のあとを継いで宮司となり、同時におみくじの文面書きも手渡されたのだ。

「おみくじの内容は1番から50番まで5年に1度は見直します。おみくじを書く〝斎屋《いみや》〟がありまして、ここに1カ月ほど籠《こも》って作ります」

斎屋に入る前に境内にある洞窟に湧く水を汲み神殿に捧げながら祝詞《のりと》をあげる。

〈神占を引きし人々に大神の果てなき幸せを授けたまえ〉

そしてお届けする神社の神様、寺院の仏様にお受けいただき、自分たちの手元を離れれば、それぞれの神社寺院のおみくじとして授与されることを神様に祈念する。

そののち斎屋に入り、杉の切り株の机で書くのだという。

さらに、月に一度は祭事を行い、おみくじと従業員のお祓いとお清めをしている。

女子道社では3人の女性が作業にいそしんでいた。9枚のおみくじが1つのシートに印

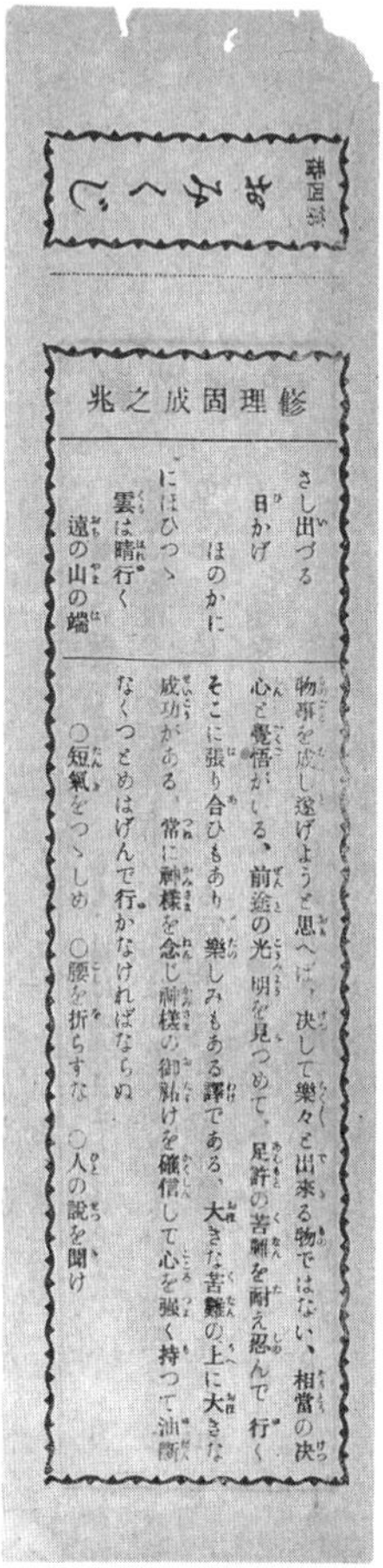

おみくじ

修理固成之兆

さし出づる
日かげ　ほのかに
にほひつゝ
雲は晴行く
遠の山の端

物事を成し遂げようと思へば、決して楽々と出来る物ではない、相當の決心と覺悟がいる、前途の光明を見つめて、足許の苦難を耐え忍んで行く
そこに張り合ひもあり、樂しみもある譯である、大きな苦難の上に大きな成功がある、常に神様を念じ神様の御助けを確信して心を強く持つて油断なくつとめはげんで行かなければならぬ

○短氣をつゝしめ　○腰を折らすな　○人の説を聞け

明治期のおみくじ

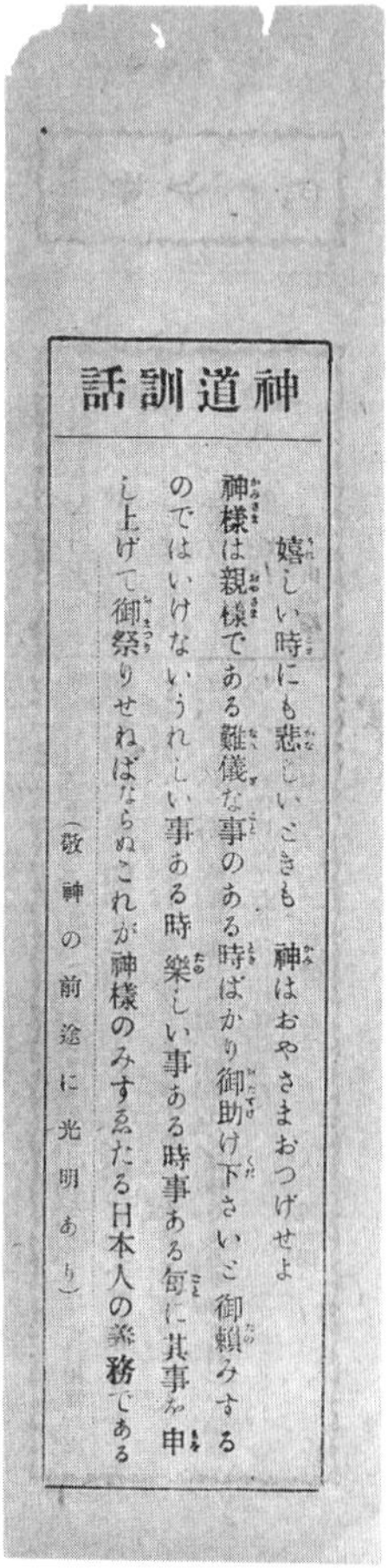

神道訓話

嬉しい時にも悲しいときも　神はおやさまおつげせよ
神様は親様である難儀な事のある時ばかり御助け下さいご御頼みする
のではいけないうれしい事ある時楽しい事ある時事ある毎に其事を申
し上げて御祭りせねばならぬこれが神様のみするゑたる日本人の義務である

（敬神の前途に光明あり）

同裏面。和歌と神のみ
教えが喜ばれていた

刷されている。まずシートのいちばん上に糊《のり》をつけ、下から順に手で折っていったあとで、9つに切り離す。この手順は100年前から変わっていない。いちばん忙しいのは11月から暮れまで。社員は6名だが、60余人のパートが常時手作業で製作にあたる。

パートのひとり松谷文子さん（54）はもう25年もおみくじ作りをしているという。

「早い人は1日5000枚折りますが、普通は2000枚ほどでしょうか。ほとんどの人は家に持ち帰って作業しますね。そのお金で子どもたちを大学まで出した人たちが大勢いますよ。機械ではなく女性がこうして手作業でしている御利益も大きいんじゃないでしょうか（笑）」

数年前、大手の印刷会社がおみくじ自動折り機の売り込みに来た。機械化すれば確かに生産枚数は格段に増えるが、公胤さんは導入を見送った。

「あくまでも手作りでなければいけません。おみくじ作りは単なる商売ではない。神様、仏様のことばを伝えているのだという心構えをいつも持って、私たちは仕事をしているのですから。人の手で、それも祖父が尊敬してやまなかった女性たちの手で作り続けることが、女子道社のおみくじの意味だと思っています」

身を削るような思いで書かれた文面。そして一つ一つ手作りで折られたおみくじ。女子道社のことを知ってしまうと、次からはおみくじを開く手が丁寧になり、真ん中に書かれた吉兆で騒ぐだけではなく、文面もしっかりと読むことになりそうだ。

「一つ一つ手で金型を作って、親父の時代は大変でした」

小さいながらもビッグな企業たち。作り上げた人々を見ていると、土台を作った父親や祖父への尊敬が、重要な役割を果たしていることがわかる。

「私は祖父や父ほどの歌の才能もないですからね。ひたすら自然の中を歩き回り、少しでも感性を磨いて2人に近づこうと思っていますよ」

という宮本公胤さんのあとは、現在は会社勤めの息子が神社の24代目を継ぐことが決まっている。あのおみくじの文面もまだしばらくは安泰なようだ。

ビューラー作りの沼澤明夫さんの父・武夫さんはあの継ぎ足し工場の2階に住んでいる。その父のことを語るとき、沼澤さんのゴツい顔がすこしだけゆるむ。

「父は一流の金型職人です。機械より正確なんですよ。図面なしで作業を始めて、できあがってしまうんです」

ビューラーは今も金型が命だと沼澤さんはいう。そして技術にかけた父を知るからこそ、金型を製品に正確に反映させることに心を砕くのだ。

「同じ人間が同じ機械で、同じ材料で同じものを作っているのにすべて顔が違うんですよ。だから、徹底的な製品チェックが欠かせないんです」

記者が見た不良品の山こそが、沼澤製作所の絶大な信頼を生んでいるのだ。

傘ぽんの村上さんに話を伺ったときのこと。撮影をしたいので今までの試作品を見せてほしいと頼むと、申し訳なさそうに言った。

「弟に全部捨てられちゃったんです。『過去は振り返らない』って言われまして。まあ、スペースもないので」

家族6人だった製作所は、今はパートも含めて10人が働くようになった。案内してもらった工場の中には、億単位の工作機械が並んでいる。

「親父の時代は大変でしたよ。こんな機械はなかったから手で金型を作っていた」

工場の一角に、古い工作機械が置かれている場所があった。棚には、金型が並んでいる。そのひとつを村上さんは手にとった。

「父が作った金型です。今の機械を使ってでもこういうものは作れない」

さきほど「スペースがないので」と言っていたのにと思いながら記者はたずねた。

「社長はいま、どこにおられるんですか」

「3年前に77歳で亡くなりました。ここに引っ越してくる半年前です。この設備を見せてあげたかったですね」

村上さんの名刺の肩書きはまだ専務のままになっている。あくまでも、社長はまだ父だというように。

【その後の物語】2009年現在、「傘ぽん」は製品を6種類に広げた。最新の製品では、長傘にも折りたたみ傘にも対応できる。沼澤製作所と女子道社は、「小さな日本一企業」ということで、マスコミやネットメディアの人気者になっている。

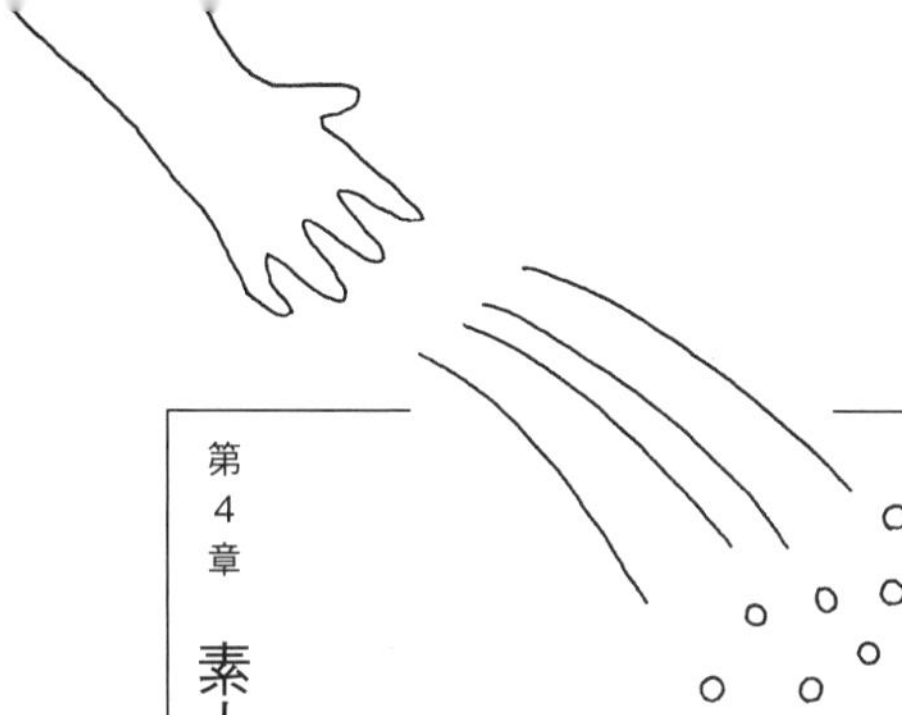

第4章　素人女性社長奮闘記

倒産寸前の父の会社を再建した32歳の女性元DJ

腕のいい技術者を多数抱え、大手時計メーカーからも厚い信頼を受けてきた日本電鍍工業。健全経営だった会社に翳りがみえたのは創業者の急逝からだった。

10億円もの負債を作り、倒産寸前となった会社に32歳の〝素人〟女性社長が就任。見事経営を復活させた。

（2004年7月27日）

肩書き・年齢は取材当時のものです。

――世界的な大不況が進行し、そのしわ寄せが向かう中小企業は冬の時代の真っ只中。とくに従業員50人で10億円の借金を抱える会社など、まさに青息吐息そのものだ。だが、そんな工場に〝救世主〟が現れた。創業者の一人娘・麻美。ラジオの元ＤＪで会社勤めの経験はゼロ、畑違いの彼女が、いかにして会社を再興させたのか？

創業者の急逝で、無借金の健全企業が絶体絶命に

殴りつけるような夏の日差しが、そこだけ和《やわ》らいでいるように見える。建物の入口に並べられた植木鉢の花や緑が、汗をかいてやってきた訪問者の心に、一陣の涼風を呼び込んでくれるのだ。

埼玉県さいたま市にある日本電鍍《でんと》工業株式会社。電鍍とはメッキのことなのだが、本社を兼ねる工場の玄関はまるで福祉施設か何かのようで、とても金属を扱う仕事をしている

とは思えない。

「きれいでしょう？　全部、うちの従業員たちが育てたんですよ。それこそ、種《たね》を蒔《ま》くところから」

スラリとした女性。太陽の光を弾くような肌がやや浅黒いのは、かつてテニスに打ち込んだ名残りだ。

出迎えてくれた伊藤麻美さん（36）に微笑《ほほえ》みながらそう言われると、彼女を取材するために会いにきたというのに、記者は思わずその背後をきょろきょろと探してしまう。どう考えても、麻美さんは秘書で、後ろに貫禄のある男性の社長が待ち受けているような気がしてしまうのだ。

もちろんそこには誰もいない。そう、麻美さんこそが、50人近い従業員を抱えて、系列2社を持つ日本電鍍工業株式会社の、代表取締役社長なのだから。

日本電鍍工業は、麻美さんの父親である伊藤光雄さん（享年65）が1958年に創業。腕のいい技術者を多数抱えていて、時計部品などの貴金属のメッキであっという間に全国に名前が知られるところとなった。

SEIKOやCITIZENなどの大手時計メーカーから厚い信頼を受けて、高度成長の波のなかで毎年売り上げを倍増。最盛期の80年代半ばごろには、グループ企業は5社を超え、従業員は180人ほど。年間40~50億円を売り上げるにもかかわらず無借金の健全経営に、地元では「あの会社に就職できれば一生安心だ」という評判だったという。

ところが91年に光雄さんがガンで急逝《きゅうせい》してから経営は傾きはじめる。あとを継いだA社長が、オーナーの伊藤家を遠ざけて放漫経営。10年足らずで会社の財産を食いつぶしたうえに、10億円もの負債まで作ってしまったのだ。

「2000年に社長に就任したときは、会社は絶体絶命でした。私はまったくの経営の素人でしたが、オーナー家の責任として、父の会社をつぶしてはいけないと思ったんです」

麻美さんの奮闘が始まる。帳簿もつけたこともない32歳の女性に会社の立て直しなどできるものか。周囲の冷い目は、しかし、麻美さんの真摯《しんし》な態度に、次第に応援の視線へと変わっていく。

麻美さんの仕事ぶりを取材しようと、取引先との打ち合わせに同行したときのこと。相手の医療機器メーカー・日本ライフラインの川端隆司センター長(57)は取材を終えて出ようとした記者の腕をつかまえ、こっそりこう言った。

「会社の技術も凄いけど、この若い女社長のひたむきさに私たちは打たれるんですよ。物おじしない体当たり営業、部下を信頼する姿。あの人を見ていると、応援せずにいられなくなるんだなぁ……」

社長に就任して4年。負債はまだ残っているものの、会社の業績は徐々に回復。ぐんぐんと再び成長を始めている。

「蒔いた種を、私は心を込めて世話をしているだけです」

さらりと言う麻美さん。しかし実はそれは、労苦に満ちた道のりであったのだ。目の前の花たちが、ただ自然に咲いているのではないように。

天国へ逝った両親に学んだこと

成功した実業家のお嬢さまとして麻美さんは67年11月24日に生まれた。生家は、六本木3丁目の豪邸。築100年のそれは130坪の広さに9つもの部屋があった。

麻美さんの最初の記憶は、畳の部屋で父親の背中に乗ってお馬さんごっこをしている光景だ。経営者として絶頂期にあった父・光雄さんは、現場はそれぞれの責任者に任せて、グループ企業の統括者として世界を駆け回っていた。

「とても物静かで、品のいい父でした。仕事で飛び回っていてあまり家にはいませんでしたが、私は父の大きな傘の下で、何不自由ない子ども時代を送った。仕事でも子どもの教育でも、ここぞというポイントを逃さない父でした」

光雄さんがその炯眼《けいがん》を示したのが、これからの国際社会を見越して5歳の麻美さんを、清泉インターナショナルスクールに入れたことだろう。麻美さんはこの学校で高校生まで英語だけの環境で育つことになる。

「本当に父に感謝しています。自分の考えや意見を常に持つ。そうした欧米流をここで身につけたおかげで、ビジネスの世界に入ってからも闘うことができたんです」

90年に上智大学外国語学部を卒業した麻美さんは得意な英語と好きな音楽を生かして、DJの道へと進む。91年FM東京で、小林克也さんのアシスタントとしてデビュー。ところが、不幸がやってきたのは、まさに夢が実現したそのときだったのだ。

「ラジオの番組で知り合った人から『伊藤さんて、あの六本木の伊藤さん？　あなたの父上にはたいへんお世話になったんだ』と父のことを知る人が多く、あらためて父の偉大さを知りました。その父が、まさかガンに侵されるなんて……」

わずか5カ月の闘病で旅立ってしまった光雄さん。実は、麻美さんは父親に先立って母をも亡くしていた。九州出身だった瑠美子さん（享年50）。麻美さんがまだ20歳のときだった。

「母のことで覚えているのは、いつもニコニコしていたこと。けれども躾《しつけ》には厳しくて、たとえばピーマンが嫌いだと言うと1週間3食ピーマンばかりを出されました。料理が上手で掃除が好き。『玄関とトイレを見れば、その家がわかる』と言っていて」

日本電鍍工業の掃除の行き届きぶりは、亡き母譲りだったのだ。

それだけではない。

「誰に対しても笑顔を絶やさずに、友人が多かった母のように私もなりたいとずっと願ってきたんです」

娘のことも考えたのだろう。光雄さんはやがて再婚する。その相手が、会社再建の「戦友」となる義母の悦子さんだった。

光雄さんがいない今も乃木坂のマンションで「何でも言い合って、楽しく口喧嘩しながら」（麻美さん）親子は同居している。その悦子さんの麻美さん評。

「主人に似て麻美ちゃんも気配りや思いやりが強い女性です。自分がこうと決めたら突っ走るところも似ている。それでいながら人をとても大事にする。他人の意見をよく聞くことが、会社経営にも役立っていると思います」

98年、DJの仕事はもうやりつくしたと思った麻美さんは、もうひとつの夢であった宝石鑑定の資格を得るために、アメリカはサンディエゴの学校に留学する。卒業間近の麻美さんのもとにSOSの電話をかけたのが、悦子さんだった。

「麻美ちゃん、会社が大変なことになっているの……」

社員のやる気はゼロ――この会社に将来はない!

会社というのは無能な経営者によって傾くときは、こんなに急にダメになっていくのか……。悦子さんの電話で、卒業後すぐに帰国した麻美さんは、経営実態を知って、呆然《ぼうぜん》とする思いだったという。

「Aという2代目の社長は、父が亡くなる前からその肩書でした。相談役としてグループを統括していた父が元気だったころは、会社経営にはなんの支障もなかったのです。ところが、それが父の死で本当に権力を持つことになってしまって……」

時計のメッキ産業はとうに人件費の安い中国へとシフトしている。それなのにAは工場建設などの無謀な投資をした結果、50億円あった会社の資産はあっという間に消えていた。そのうえで10億円の負債を抱え、麻美さん親子はやがて六本木の豪邸も手放さざるをえなくなってしまう。

光雄さんは会社の財産が技術を持った従業員であることを誰よりも知っている人だった。ところがAは、社員の給料を減らしたり、女性社員をパート化したりした。

今は麻美さんの下で総務を担当する野村淳子さん（48）はAの下でも2年働いた。

「最悪でしたね。社内の空気が澱《よど》んでいるんです。仕事がなくてパートの人を早く帰したり。もうこの会社に将来はないなと思って、正直言って辞めるつもりでした」

光雄さんの時代から仕えてきた工場長の早川一男さん（58）は今でも不愉快そうだ。

「Aはワンマンで人情のない人でね。何もかも秘密にして人の意見を絶対聞かない。社員のやる気はゼロでした。午後3時くらいになるともう仕事がないんですから……」

チャンスは一度きりだった。２０００年3月、Aの社長としての任期が切れる。そのときの株主総会で社長を解任しなくては、会社は間違いなく倒産する。オーナーである伊藤家は総会での決議では有利。けれども、最大の問題があった。

「誰が、後継の社長になるか、なんです。負債が10億円もある企業を引き受けてくれる奇特な人がいるわけがない。もうこれは仕方ないな……と」

会社を一度解散して、すべてをチャラにしてしまう方法もあった。でも……、

「私が社長をやる！」

麻美さんが手を挙げたのは。

悦子さんが苦笑する。

「私も大丈夫かなあ……とは思いましたが、麻美ちゃんは言いだしたら聞かないから。なんの専門知識もないのに、先が見えない会社を再建できるのだろうかと心配で」

従業員たちも半信半疑だった。「今だから言いますが」と笑いながら告白するのは野村さん。

「お嬢さんにしては威張らない人だけど、大丈夫かなあ、と思いましたね。けれどもA社長では絶対にダメだったんだから、ダメもとでしばらく様子を見てもいいかな、と。いまのご時世、再就職だって大変ですから（笑）」

母親の、そして従業員たちの不安を背に、麻美社長が就任の挨拶をしたのは、00年3月

24日のことだった。

すべては掃除と挨拶から始まった

麻美社長就任の翌朝。出勤してきた従業員たちは目を疑った。

「おはようございます」

会社の入口に社長は立っていた。そして従業員１人ずつに挨拶をするのだ。操業が始まると、麻美さんは長靴に履きかえた。安売りのロヂャーズで買っておいたものだった。それを履いて社長は、玄関や塀ぎわの掃除を始めた。

「じっとしていられるわけないじゃないですか。そのうちに女子従業員たちが、社長と一緒に掃除をするようになりました」（野村さん）

麻美さんは何も人気とりで掃除を始めたわけではない。そこには確固たる信念があった。

「一流の職人さんてきれい好きなんです。私はメッキのことは何も知らないし、それならば社長としてまずできることは掃除くらいでしょう。挨拶だって、私が会社で最年少、というより年上の先輩たちばかりなんですから」

古い職人のなかには光雄さんに連れられて工場に遊びにきていた幼いころの麻美さんを覚えている人もいる。そのなかの1人が彼女の行動をじっと見つめていた。

「お嬢さんが草むしりをしているのが目に入ると、健気《けなげ》で見ていられない」

酒の席だったが、そう言って皆の前で泣いた。何人かが、同様に目頭をぬぐった。

「会社の財産は技術だ」

そう言い続けた光雄さん。世界に誇る日本電鍍の職人たちの魂に、再び火がつき、燃え上がった。職人たちの気持ちの変化をいち早く察知したのは、早川工場長だった。

「麻美社長の就任が決まったとき、社内では正直言って『もう終わりか』という声もありました。しかし私は違うと思っていた。うちの命である腕のいい職人が残っているのだから、働く気持ちを盛り上げる段取りさえきちんとできれば、まだまだいけるという自信がありました」

その盛り上げ方が天才的にうまかったのが光雄さんだったという。

「麻美社長が、それにそっくりだったのには驚きました。外国人のように『ハーイ』と挨拶する自然な態度、麻美社長のほうがもっと軽いかな。天然ボケも入っていますが（笑）」

麻美さんが父から受け継いだのは、人の心をつかむ技術だけではなかった。小さいころから、多くの異文化に触れ、自己主張しなくては、生き抜いていけない、パワーとカンも身につけていた。

「どこへ出しても恥ずかしくない腕を持っているんだから、これまでのように時計部品などの貴金属のメッキにこだわる必要はない。よくわからないけど、ほかの分野で生かせたら……」

麻美さんが目をつけたのはインターネットの活用だった。

「何しろ就任したときに、会社にパソコンが2台しかなかったんですよ。さっそくＩＴ化を進めると同時に、会社のホームページを作りました」

一方でハイヒールをスニーカーに履きかえて、社長みずから飛込み営業をする。銀行へ就任の挨拶に行くと屈辱的な扱いも受けた。

「必ず『社長はどなたですか』と聞かれるんです。『私です』というと『本当の経営者のお名前をお尋ねしているんですが』って（笑）」

朗報は、やはりインターネットを通じてやってきた。冒頭に登場願った日本ライフラインの川端センター長が「ホームページを見た」と電話をしてきたのだ。川端さんが探していたのは、血管の中を通すカテーテルに数十ミクロンの金メッキをすることができる技術を持った会社だった。

「さいたまの本社を訪ねたら、従業員全員が私が何者かを知っていて、なぜ訪ねてきたかを把握《はあく》している。この会社は伸びるな、と思いましたよ」

技術力も川端さんを驚嘆させた。

「中国などにはない日本の中小企業の底力を感じましたね！」

最初の大きな仕事がホームページ経由できたことで、古くからの従業員たちの麻美社長を見る目が一段と温かくなる。携帯電話の基盤部分、液晶部分の検査端子。新しい分野に、日本電鍍工業のメッキ技術を必要とする場所は、いくらでもある。麻美さんが社長になってから、退社する従業員はほとんどいなかった。

仕事先を開拓する一方で麻美さんは、社内の風通しをうんとよくした。社内のパソコンは増やしたが、意見はメール交換ではしない。互いに顔を見て話し合うことにした。年に1回は全従業員と30分から90分は膝づめで話す。売り上げから備品の購入まですべての数字をオープンにした。

従業員の誕生日には、赤か白のワインをプレゼントする。だが、麻美さんが思いついたこの仕組みが、よもやあんな事件を引き起こすとは……。

社長に就任して1年8カ月の02年11月24日。麻美さんは総務の野村さんからの緊急の電話を受けた。

「早川工場長と岩崎君が喧嘩しています。辞めるとかクビだとか言って。昼休みに緊急ミーティングをするので、すぐに会社に来てください」

慌てて早川さんに電話する麻美さん。

「今日こそは社長にお話ししなくてはならないことがあります。社員全員を前にして言いたいのです」

足が震えた。業績は少しずつだが上向いている。従業員の声もよく聞いてきたつもりだ。なのに、父の時代からいる早川さんと温厚な岩崎さんが大喧嘩しているなんて……。

会社に飛び込むと、広い作業場には46人の従業員が全員勢ぞろいしていた。工場長と岩崎さんが怒鳴りあう声が響いている。

「僕は社長にぜひ言いたいことがある！」

「岩崎！　お前は黙っていろ」

目の前に破滅の淵が見えた。麻美さんの足が震える。早川さんが向き直った。

「社長。今日は何の日かわかっているでしょう」

「えっ……?」

社員全員の目が麻美さんに注がれたその瞬間……。

パーン、パパーン!

作業場に響きわたるクラッカーの音。あたりを舞う色テープのなかからベテラン職人橋本泰司さん(72)が花束を抱えて麻美さんの前に立って言った。

「お誕生日、おめでとうございます、社長」

泣くまいと思った。社長になるときから、どんなことがあっても泣くまいと決めていた。しかし、橋本さんの眼鏡の奥の瞳が濡れているのに気づいたとき、麻美さんは我慢ができなくなっていた。

声をあげて、社長は泣いた。女子社員たちが、顔を覆った。作業服の職人たちも、目をゴシゴシと擦《こす》っていた。麻美さんを呼ぶために喧嘩の演技をしてみせた2人も泣いていた。

ぼやけた視野の向こう、作業場の隅に、麻美さんは光雄さんが立っているのを見た気がした。その調子で頑張れよ、と笑顔で頷《うなず》きながら。

リベンジを果たせる日がいつかきっとくると信じて

日本電鍍工業の社員食堂には「目指せ八ヶ岳」と書かれた紙が張られている。

「会社の経常利益を山にたとえて、毎年目標にしています。数字よりもわかりやすいので」

社長就任初年度は武甲山《ぶこうさん》だった。2年目は磐梯山《ばんだいさん》。去年が谷川岳で今年が八ヶ岳だ。

「富士山で終わりじゃないですよ。まだモンブランもあるしエベレストもあるんですから」

順調に伸びていく業績を見ていると、山の名前が日本から飛び出すのは遠くはなさそうだ。

週末になると、麻美さんと悦子さんは交代で愛犬のペティ（13）を散歩に連れていく。2人の散歩コースには違いがある。悦子さんは、六本木から赤坂を経由して戻ってくる。途中、あの豪邸があった六本木3丁目あたりにくると、ペティは家があった方角に向けて一直線に走りだすそうだ。しかし、麻美さんは決してそこを通らない。

「いつかリベンジを、という思いがあるんですね、きっと（笑）。父に少しでも近づけたと思う日まで、あの場所は封印しているんです」

毎朝5時半に起きて、8時には出社。21時ごろまでは会社にいることが多い。ボーイフレンドとは6月から遠距離恋愛になった。電話とメールでのデートが続くが、元気は十分にもらっているという。

「初心を忘れずに、努力をする。それが、種を蒔いて育てるということかな」

本社の入口の植木や盆栽は、かつての父の家から持ってきたものだ。その横で、新しい花たちも色鮮やかに咲き誇っている。

【その後の物語】その後も日本電鍍工業の再建は順調に進み、03年には待望の黒字化を達成した。08年にはISOを取得し、翌09年には新卒社員4名が入社。パートをふくめた社員数は68名となった。いま、麻美さんの元には「美人女社長」「跡取り娘の成功談」といった取材が引きも切らない。09年現在、3歳の子を持つ「母親社長」となったが、麻美さんの挑戦はまだまだ続く。「エベレスト」をきわめ、大輪の花を咲かせてリベンジを果たすまで。

第5章

女性ならではのサッカーを貫ぬく大輪の「なでしこ」たちの母

岡山湯郷Belle監督・本田美登里さん

本田美登里さんは、女子サッカーの牽引者。〝なでしこジャパン〟なる呼び名がつくはるか前から女子サッカー界を牽引してきた。彼女の前に道はなく、彼女が通ってきた道が、後から続く者の目標になっている。それでも、髪振り乱してサッカーをしてきたわけではない。強くて、華やかで、したたか。いつだって女性から見ても素敵と思われるサッカーを目ざしてきた。

（2005年5月3日）

肩書き・年齢は取材当時のものです。

――「サッカーを観るだけだったら、男子のほうが面白い……」。そう断言するのが、女子サッカー界の第一人者というから、ちょっと不思議だ。でも、その言葉の背景には、女性ならではのサッカーを貫いてきた、強烈な意地と誇りがあった。彼女を支えてきた家族や恩人、そして教え子の言葉に、その「答え」が隠されていた。

つねについてまわる「女子で初」という冠

たしかにそれは、なでしこだった。

壇上に並ぶ、日に焼けた男たちのなかで、淡いパープルのブラウスに黒いスカートの紅一点。その女性に日本サッカー協会の川淵三郎キャプテンが盾《たて》を渡すと、おびただしい数のフラッシュが瞬《またた》いた。

11月12日、東京はお茶の水にある日本サッカー協会の本部JFAハウス。川淵キャプテンが手渡した盾は、協会公認のＳ級コーチの認定盾だ。この日行われていたのは「平成18年度Ｓ級認定式」なのだ。

認定されたのは25人。そのなかに、たった1人の、そして日本で初めての女性のＳ級コーチとして、日本女子サッカーリーグ（なでしこリーグ）1部（Ｌ1）に属する岡山湯郷《ゆのごう》Ｂｅｌｌｅ《ベル》の本田美登里《みどり》監督（43）の姿があった。

「これだけ多くの報道陣にお集まりいただくＳ級認定式は初めてでしょう。女性として初めて本田さんが認定されるということで、華やいだ雰囲気ですね……」

授与に先立っての川淵キャプテンの挨拶が、この日の主役が誰であるかを示していた。盾を授与された本田さんを報道陣が囲んだ。彼らが聞きたいことはただひとつ。直前に退任濃厚と報じられた「なでしこジャパン」大橋浩司監督の後任に、本田さんの名前が取り沙汰《ざた》されていることについてだ。

「いまの私には、おそらくお声もかからないでしょうし、まだ力不足。それよりも、湯郷Ｂｅｌｌｅをより強いチームにすることが先です」

落ち着いて、質問をかわす本田さん。しかし、今回はともかく、いずれはなでしこジャパンをこの女性監督が率いるだろうことは衆目の一致するところなのだ。

本田美登里。その名前には、つねに「女子で初」という冠《かんむり》がついてまわってきた。日本女性代表のDFとして参加した90年アジア競技大会（北京）で、日本女子初の銀メダルに貢献。現役引退後は、日本サッカー協会のC級、B級コーチにいずれも女性としては初の合格を果たす。

05年のユニバーシアードでは、サッカー競技の日本代表で初の女性監督として、女子チームで銅メダルを獲得。そして今回、S級コーチ資格に挑戦して、またも女子初の栄冠を手にしたのだ。

S級コーチは指導者資格として最高ランク。これで本田さんはなんとJリーグのチームの監督を務めることもできる。それだけに、取得への道は厳しく、3カ月にわたって筑波大学などで行われる研修への参加などが義務だった。

実際にJリーグのチームに合流して、練習メニューの目的を理解・分析するなど、実戦的な能力を要求される。今年の1月には、ブラジルへ渡りクラブチームの指導方法を学んだりもした。

その結果の、今回のS級コーチ資格取得なのだ。

本田さんの隣に、テレビの解説でも知られ、同じ静岡市清水区出身の本田さんにとって、憧れの名選手でもあった風間八宏氏（協会特任理事）の姿があった。

「彼女がここまでやって来られたのはね、ある意味で変人……変人だからでしょ（笑）。結婚もしないで、ずっと1人で男に交じってサッカーやってきたんだから。それくらい、サッカーというものに対して素直なんだね」

憧れの先輩の、からかいながらも絶賛する声を、本田さんは何度も髪をかきあげながら頬を染めて聞いていた。

〝日本代表〟の肩書きよりも〝人間〟として認められた

岡山湯郷Ｂｅｌｌｅの本拠地、岡山県美作《みまさか》市の美作ラグビー・サッカー場を記者が訪れたとき、周囲の山々はまだ色づいていなかった。

午後4時。選手たちの練習が始まる。監督の本田さんと2人のコーチを囲むように選手たちがセンターサークルに集まった。

本田さんは何かひとこと言っただけ。すぐに散った選手たちは3人が三角形をつくってパスを回し始める。そこにもう1人の選手が入っていき、パスを奪おうという練習だ。

3つできた組を見渡しながら、本田さんはときどき声をかける。

「切り替え、早く!」

「クニ、(パスが)でかい。小さく、小さく!」

「静佳、サポート早く!」

意外だったのが選手たちの表情だった。白い歯を見せて、はしゃいでいるようにすら見える。ボールをとれば喜び、パスをミスすれば悔しがる。

続けては、実戦的な練習で、すべてが終わったのは、午後7時。あたりはとっぷりと暮れ、フィールドは照明に浮かび上がっていた。

夕方から夜にかけて練習が行われるのには理由がある。選手たちはみな、昼間は仕事を持っているのだ。勤め先は、美作近隣の、せいぜい通勤に30分かかる程度の場所。あらゆる意味で地元に支えられ、密着しているチームなのだ。

いったん自宅に帰った本田さんと、彼女の行きつけの料理店で再会してのインタビューは、そのあたりの話から始まった。

まずはビールで乾杯。本田さん、実にうまそうにクーッとグラスを干す。

「最初美作に来たときは、タイムスリップしたみたいで。生まれたときの清水市みたいな田舎で『えらいとこ来ちゃったぞ』と思いましたね」

地元の反応も、当初は冷たかったという。

「『俺らの美作に女子サッカー？　何もんが来んだ？　日本代表だからって何さまだ』そんな感じだったみたいです。ある市会議員さんなんて『ふざけんなよ。来るなら来い』と言っておられたみたいで」

ビールで本田さんの口は滑らかになる。

「でも、私が来て、ゴールも運ぶ、線も引く、という仕事をやっていたら『何だ？　聞いていたのと違うぞ』と。人間としての本田美登里を見てくれた。それから空気が変わりましたね」

今では、町が一丸となってチームを応援してくれている、と本田さんは目を細める。

「応援するとなると、今度はそっちで熱が入って『このコたちの頑張りを、美作が認めんでどうするんじゃ！』と声を張り上げてくれる。嬉しいですねえ」

『バッテリー』など、スポーツを題材にした作品で知られる、美作在住の作家・あさのあつこさんは、こう評する。

「まなざしもまっすぐだし、言葉もストレート。自分に背《そむ》かず、ごまかさずに生きてきた大変魅力的な方ですね」

一度ほれると、とことん入れ込むのが地元の人のいいところだ。美作の誇りとなった本田美登里を、今度は世界の舞台に押し出したいとまで、地元の人々は考えている。

クラブハウスで雑談をしていたとき、チームの黒田和則ゼネラルマネージャーは記者にこう力説していた。

「彼女は、いずれ日の丸をつけて指揮する人間。ここに置いておくだけでは、彼女のためにならん。次のステップもあるわけで、そのチャンスがいつ来るかというのもあるじゃろう。うちは困るけどな」

地元の熱意と理解を背に、本田さんが世界のフィールドに立つ日は、意外と近いかもしれない。

女子が面白いところは「したたか」「しぶとい」「諦めない」

そもそも、本田さんは女子サッカーのどこに魅力を見いだしているのか。少し酔いがまわってきた記者が本質的なことを聞くと、本田さんは意外なことを言った。

「サッカーを観るだけなら、実は自分も男子を見ていたほうが面白いんですよ。女子のほうがやっぱりスピードが遅いんですね」

ええっ。日本を代表する女子サッカーの指導者が、なんという発言を。しかし、それでも、と本田さんは言葉を継いだ。

「それでも、魅了される人たちがいるというのは、女子サッカーには『したたかさ』があるからじゃないかと思う。なでしこリーグでは、いっさい試合での報酬はありません。勝ったところでギャラは出ない。いったい、何のために体を張って、女性が戦うの？　と言われれば目的は『勝つ』ことであって『稼ぐ』ことではない、と言うしかないんです」

本田さんの目が輝きを増しているのは、お酒のせいだけではないだろう。

「男子のプロはお金というモチベーションもある。しかし、女子にはないんです。それでも、サッカーをやりたい。ぶっ倒れてもやる選手が多い。『したたか』で『しぶとく』『諦めない』。そこが女子サッカーの面白いところだと思いますね」

いま、ビジネスの世界はすべてが「カネ」だ。そこでは女性もまた「カネ」で価値を決められる。女子サッカーというのは、そこからもっとも縁遠い世界なのかもしれないと、記者は本田さんの話を聞いて思う。だからこそ多くの人々が魅了されるのか、とも。

警戒から一転、熱烈なサポーターとなった美作の人たちも、無意識のうちに、本田さんのそうした面を見つめているのかもしれない。

もうひとつだけ、本田さんに聞いておきたいことが記者にはあった。練習後のフィールドで、記者は選手たちにも話を聞いていた。

そのなかでMFの宮間あや（22）の受け答えに記者はやや違和感を覚えていたのだ。チームのエース的存在であり、北京五輪予選でも日本代表のレギュラーポジションをつかんでいる選手。本田さんとは小学生のころから交流があり、日テレ・メニーナ時代には、本田さんの家にも泊まった仲だ。ところが、

「宮間選手にとって、本田監督はどんな存在ですか？」

という問いに、

「カントクって感じですかね。サッカー教えてもらってるっていう存在」

あまりにそっけなかったのだ。彼女のこの答えを伝えないまま、記者は遠回しに本田さんに、宮間との関係は？　と聞いてみる。すると、

「『私にとっては〝カントク〟です』って感じでしょ」

なんと、図星！

「もう『大好きです、尊敬しています』っていうレベルじゃないんです。選手として私に近いレベルまできたということ。『もう私は大丈夫』と伝えているんだと思いますよ。そういう意味で、親離れ、子離れなのかもしれませんね」

本田さんにとって、選手たちはやはり、子どもなのだろうか。

最後にそう聞くと、日本女子サッカーのパイオニアは、目を輝かせて言い切った。

「そうですね。みんな私の、子どもですね」

見られるのを嫌った娘、隠れて試合を見に来た父

清水エスパルスの本拠地、日本平スタジアム。そこからほど近い住宅地に、本田さんが生まれ育った家があった。

「遠いところをどうも、わざわざありがとうございます」

緑色のカーディガンで出迎えてくれたのが、本田さんの母の静江さん（79）だ。その両手を支えているのが、姉の由香里さん（45）。静江さんの目がやや不自由なためである。

本田さんはどうやってサッカーに魅《ひ》かれていったのか。本田美登里ができるまでを知りたくて、記者は彼女の実家を訪ねたのだった。

「小さいころ、男の子とばかり遊んでいて、男おんなみたいだったたねえ」

小学生の頃の本田さんを、静江さんはそう回想する。

「鉄棒にスカート巻きつけてグルグル回っていたりして。『アンタ、何してるだね！』と言いましたよ」

由香里さんも苦笑。そんな運動好きの本田さんが、サッカー王国・清水でその道に進むのは当然だったろう。

「子どもがサッカーするかと思えば、親もママさんサッカーチームに入る。私もかじったですよ」

なんと静江さんも元女子選手！　そんな環境でサッカー漬けだった本田さんの憧れは、風間八宏氏だった。

「高校時代、美登里の勉強机には『風間八宏　好き♥』って書いてあったんだからねえ」

S級コーチ認定式の場で、風間氏の横にいた本田さんの、嬉しいような照れたような顔が目に浮かぶ。

そんな本田さんが、少女時代に苦手にしていたのが、父の宏孝さん（享年63）だったという。これについては、本田さん本人もこう語っていた。

「父は東北の出身でしたからお酒が好きでした。ところが母は箱入り娘で、お酒を飲まない家で育ったので、お酒を飲む人は悪い人というイメージを持っていた。私もそんな母の影響を受けて、父を嫌っていたんです」

静江さんもそれを認める。

「小さいころ、美登里は主人が試合を見に行くのも嫌っていましたね。だから主人は隠れて見てたですよ」

そんな宏孝さんが亡くなったのは、90年。日本女子初めての銀メダルを本田さんが獲得した、まさに翌日だった。

がんの手術をして入院していた宏孝さんだったが、本田さんは「快方に向かっている」という医師の言葉を信じて、北京で戦っていた。そして得た銀メダル。姉の由香里さんは、そのときのことをよく覚えている。

「父はあの朝、新聞で見て『よかったなー、みーちゃん』って言ってたんですよ」

本田さんはまさに帰国の途についたところ。伊丹空港に着き、ポケットに銀メダルを入れたまま、公衆電話から実家にダイヤルした。電話を受けたのは静江さんだった。

「お医者さんが『今日はかなり具合が悪いから、ついていてください』と言うので、この子と2人でベッドのところにいたですよ。私はずっと手を握って。そうしたら、その午後にね……。そこにあの子が電話をかけてきた。成績がよくて報告したかったんでしょう。でも私は『アンタ、いまどこにいるの……』って」

電話をしている本田さんの様子がおかしいと、ほかの選手たちも気づく。凱旋《がいせん》帰国だったムードが一瞬にして、お通夜のようになってしまったのだという。

一緒にいた男子の選手たちもみな肩を落とした。先輩のラモス瑠偉《るい》、大学の同期でもある柱谷哲二……。

「お葬式のときは読売の選手たちがみんな来てくれたですよ。だもんで、近所の人たちがビックリしちゃってね」

そして静江さんはしみじみと付け加えた。

「いい仲間に恵まれたですよ、あの子は」

サッカーひとすじに歩んできた本田さん。しかし、そのひとすじを許された背後には、この母の言葉に象徴される、人の縁、そして愛される存在であったことが大きかったのかもしれない。いままた美作の人たちが応援しているように。

「母は目が悪いのに、父の墓参りには1人で行っちゃうんですよ」

由香里さんが苦笑する。本田さんの試合前や、新聞や雑誌に活躍が報じられるたびに、静江さんは墓前に出かけるのだという。静江さんがうなずいた。

「新聞に載れば、墓前で広げてみせるですよ」

お酒をめぐってぎくしゃくした、父と母と娘。しかし、いまや本田さんの活躍を、あの世とこの世から、そろって拍手しつつ見ているようだ。

やがては日本代表を率いて世界に挑むことになるかもしれない娘について、その母はどう思っているのだろうか。

「夢が大きいねえ……。でも選手のときのほうがよかったよ。勝った、負けた、ですむから。代表監督なんてやった日には、結果が心配で眠れないよ。もう十分、あれだけやってくれれば、ありがたいことですよ」

軽く頭を下げた相手は本田さんを育ててくれた人々なのか、あるいは娘本人なのか。

「35年間サッカーやってるだからね。ただひとすじに。わが子だけど、立派だと思いますよ。私の命です、かわいい娘ですから」

辞去するとき、静江さんはわざわざ立ち上がって、記者を玄関まで見送ってくれようとした。由香里さんが慌てて手を差し伸べる。

玄関口で、静江さんは記者に向かって深々と頭を下げた。そして、こう言った。

「どうか、これからも美登里のことを、よろしくお願いします」

あまたの人たちの支えがあって、いまの本田さんがいる。けれども、やはりもっとも本田さんを理解して支えてきたのは、母の静江さんだったのではないだろうか。

「したたか」で「しぶとい」「諦めない」、同じ女として。

「大輪のなでしこ」をたくさん咲かせたい！

朝から晴れていた。美作ラグビー・サッカー場では、岡山湯郷Ｂｅｌｌｅと、上田市の大原学園ＪａＳＲＡの試合が始まっている。

立ち上がり、Ｂｅｌｌｅの選手たちの動きが鈍い。

「ワイド、ワイド、慌てんなっ」

ベンチで立ったままの、本田さんの声が響きわたる。

ようやく均衡が破れたのは前半31分のこと。フリーキックがダイレクトに、見事なカーブを描いて、ゴールの右上隅を割った。

先制点を挙げたのは〝カントク〟離れをした宮間。

これで動きがほぐれたＢｅｌｌｅは後半開始早々の1分、ＦＷの田中静佳が怪我《けが》からの復帰を告げるゴール。さらに10分にＭＦの中田麻衣子が決めた。ここで初めて、本田さんはベンチで腰を降ろした。

3対0。これで対大原学園3連勝となる勝利を収めても、本田さんには笑顔はない。それが見られたのは、クラブハウスに戻ってからだった。

「勝ったからほめるべきかとも思うんですが、できないんですよね。まだまだできる、と欲を出させないといけないと思うから」

試合とは関係ないが、記者にはひとつ聞きたいことがあった。この日チームは、試合前練習と試合とで、ユニホームを替えたのだ。なぜ？

「ああ。それは、選手たちに、見られることを意識してほしいからです。女性に、女性を素敵だなと思われる競技であってほしいんです。私のモットーは清水第八SCのときの監督だった杉山勝四郎さんの教え『サッカーをやっているからといって、女の子であることを忘れてはいけない』です。スポーツウェアのカタログを見て喜ぶことよりも『JJ』を読んでショッピングに行くような選手たちであってほしいんですよ」

Belleのエンブレムは長い髪にポニーテールだ。そこに示されている女性らしさを大切にし、なおかつ強いチームを本田さんはつくりたい。厳しい高山に咲く強靱《きょうじん》さを持ち、しかもあくまでも美しい花、それがなでしこだからだ。

試合後には、後援者宅に招かれての祝勝会。お酒のピッチが上がるころ、本田さんの姿が消えた。わずかに開いた隙間から隣の部屋を覗いてみると、マッサージチェアの上で寝息を立てている姿が。

なでしこのパイオニアは、しばしの休息をとっていた。大輪のなでしこたちを、これからもたくさん咲かせるために。

【その後の物語】Ｓ級ライセンスを取得して、本田さんは「男子も女子もサッカーの本質は変わらない」という思いを強くした。そして湯郷Ｂｅｌｌｅの選手たちへの指導は、より論理的なものとなった。毎朝６時からの愛犬ティブロンとの散歩は、どんな悪天候でも欠かさない。それは「どんな境遇でもつねに世界一を目指す」という本田さんらしさの表れだ。「なでしこＪＡＰＡＮ」を本田さんが率いる日は、そう遠くない。

また、宮間あや選手は、09年春に発足した米国女子プロサッカーリーグ「ＷＰＳ」のチーム、ロサンゼルス・ソルに移籍し、活躍している。

第6章

心臓移植を待つ本田裕美さん

臓器移植法ができる前にあった ひとつの物語。

いっこうに機能しない「ドナーカード」と1億円にものぼる手術費用の高い壁。生命を繋ぐ「心臓移植」への道は、日本ではとても険しい。「手術しなければ余命1年」と宣告された本田裕美さんとその家族は、その難関に徒手空拳で挑んだ。

(2005年5月3日)

肩書き・年齢は取材当時のものです。

——心臓移植手術は世界的に認知された医療である。にもかかわらず、日本国内では臓器移植法制定以降、およそ7年半の間にわずか36例。米国の年間5000例とは比べるまでもない。賛否両論が交錯する難しい問題が存在することは認める。しかし、刻一刻と命が失われていく現実に目を背けてはならない。

「募金をお願いします」「若い命を救ってください」

その金曜日の午後。

記者がJR新橋駅前を通りかからなければ。そして、あの眩《まぶ》しい笑顔に出会わなければ。

この物語は綴《つづ》られなかったかもしれない。いま、記者はその偶然を天に感謝する。

不思議な、ひと群れの人々だった。揃いの白いジャンパーを着て、胸から募金箱を下げている。

「若い命を救ってください」

ハンドマイクでそう呼びかける人もいる。年齢も性別もまちまちで、どことなく不慣れな様子。そのなかの1人の老人に記者の目はとまった。浅黒い顔に刻まれた皺《しわ》が、年齢を感じさせる。枯れ木のような手が差し出した1枚のビラを記者が受け取ったのは、募金という活動とその老人の存在があまりに不似合いだったせいかもしれない。

ビラのなかではひとりの少女が微笑《ほほえ》んでいた。肩まで伸びた黒髪。パチリと見開かれた瞳。頬はふくよかで、幸せそうに見える。

しかし視線を下に落とすとそこには対照的な光景が広がっている。首に入れられた2本の管。赤いチェック柄のパジャマを着た体からも何本ものチューブが出て、背後の壁につながっている。重い病いを示すその様子と笑顔とのギャップが、記者に重くのしかかる。文章を目で追った。

〈東京女子医大に入院中の裕美《ゆみ》さんは、拡張型心筋症で、心臓移植以外もう……二度と高校生活には戻れないと宣告されています。

皆様の善意にすがって元の笑顔を取り戻してあげたい……と立ち上がりました。若い命を救う為に、皆様のご支援を宜しくお願いします……〉

顔をあげると、あの老人の萎《しな》びた顔があった。視線がしばらく絡み合う。その間にも、駅前を行き交う人々は、少女の命と自分の人生との間には何のかかわりもないかのように、募金箱には目もくれずに、足早に通り過ぎていく。

千円札を取り出して箱に入れたことを、記者は実のところはっきりとは覚えていない。それほど、ふと出た行為だったのだろう。記憶にあるのは、そのあとの老人の動き。

「ありがとうございます……」

呼び掛けにかすれた声でそう言うと、地面につきそうなほど頭を下げ、そのまま数秒間動かないのだ。自分の父親よりも年上の人間にそうされて戸惑った記者は思わず声をかける。聞けば、裕美さんの祖父。80歳を過ぎていた。

「あちらにいるのが、裕美の父親です」

父・本田淳一さん（47）は髪を七三に分けた細面《ほそおもて》の人物だった。記者が職業を名乗ると、その目がハッと見開かれる。もう何百回も語ってきたのだろう。裕美さんの病状を的確に説明してくれる。

本田裕美さん（17）は1年以内の心臓移植を必要としている。ドナー不足の国内では3年は待たねばならない。渡米しての移植手術が必要なのだが、それには1億円かかる。しかし、目下、募金は2000万円しか集まっていない……。

「募金をはじめた当初は、新聞などが記事を掲載してくれて、かなり反響がありました。しかし、そのあとはパッタリなんです」

活動の母体は、内閣府認証のＮＰＯ法人「日本移植支援協会」がバックアップする『裕美さんを救う会』だ。今年2月に設立され、街頭や振り込みでの募金活動を続けてきた。しかし、その集まり具合がはかばかしくないというのだ。

「こうしている間にも裕美は確実に死に近づいていく。時間との闘いなんです。お願いです。１行でもいいから、記事にしてくれませんか――」

頭を下げる淳一さん。

「まず、お話を改めてゆっくり聞かせてください」

そこでは記者はそう答えるしかできない。

「募金をお願いします」

嗄《しわが》れた祖父の声が、風に乗って虚空へと消えていく……。

すべてがうまくいっていたはずが……

「ありがとうございます。ありがとうございます」

神田にあるセブン‐イレブン。淳一さん夫妻が経営する店だ。編集部として、ともかくも取材をしようという方針が決まったと伝えに来た記者に、淳一さんは体を二つ折りにするようにして繰り返した。まだどんな記事にできるかもわからない記者としては、責任の重さに身が引き締まる。

「この店は、03年からです。それ以前は、繊維関係の会社を経営していました」

忙しい接客の合間を縫《ぬ》って、淳一さんは家族の歴史を語りはじめた。

かたわらの妻の純子さん（42）と淳一さんが結婚したのは86年。翌年の12月21日に生まれたのが裕美さんだった。

「帝王切開でした。低体重児だと言われましたが元気に生まれましたし、初めての子どもだったのでそれは嬉しくて」

純子さんが振り返る。2年後には長男の祐也くん（15）、7年後には二女の彩ちゃん（10）と3人の子宝に恵まれる。母が語る、元気なころの裕美さん。

「小さいころから本が好きで『ぐりとぐら』などの絵本を『読んで』とよく膝に上がってきました。漢字を読むのが得意で、手をひいて道を歩いていても『あれ、何て書いてあるの？』と聞いてきて」

運動にもはげんだ。

「小学校では水泳、中学ではテニスをやって、高校ではバトミントン部に。下手でも一生懸命やってきました」

すべてがうまくいっていたかのような本田家。その運命が暗転をはじめたのは、5年ほど前からのことだった。淳一さんが悔やむ。

「中国から安い商品がどんどん入ってくるようになりましてね。あっという間に会社が傾いてしまったんです」

しかし家族は負けない。みんなで力を合わせて、今度はコンビニエンス・ストアのオーナーとして頑張ろう。そう誓った年。まさにその年の暮れに、裕美さんを病魔が襲ったのだ。

「春に日大一高に合格して元気に通っていたんです。入学のときの身体検査では心電図に

何の問題もなかったのに」（純子さん）

すぐに入院。やがて拡張型心筋症だと診断される。純子さんはその病名を娘に告げることができなかった。

「『ちょっと心臓が悪いんだよ』という程度で本人には伏せていました。裕美は2年生の始業式には出るつもりだったようです。『早く治って学校に行きたいから、頑張ります』なんて言って……」

拡張型心筋症。その病名が持つ重みを、裕美さんの主治医である東京女子医大心臓血管外科の川合明彦助教授はこう解説する。

「簡単に言うと心臓が、それ自身の筋肉が薄くなるために、正常の1・5倍ぐらいに膨《ふく》らみ、パンパンのボールのようになる病気です。収縮力が落ちて、全身に血液を送ることができなくなる」

最終的な治療は心臓移植しかない。その実現へ向けて、裕美さんの時間との闘いが始まった――。

自分のショックは隠して親を気遣う、そういう子なんです！

希望に満ちた2年生の始業式のかわりに裕美さんを待っていたもの。それは心臓移植までの間をつなぐ、人工心臓の手術だった。昨年（04年）4月。手術は12時間に及ぶ。淳一さんにできるのは、ただ手術室の前で待ち続けること。それだけだった。

「6時間で終わると言われていたのに倍かかった。肺にも水が溜まっていてそちらの手術も。『無事終わりました』と言われたときのホッとした気持ちは忘れられません」

手術後も裕美さんは1カ月の間、ＩＣＵ（集中治療室）に入ったままだった。麻酔が切れて目がさめたとき、少女はどんな衝撃を受けただろう。

「裕美にはきちんとした告知をしていませんでしたから、目覚めてお腹《なか》から出たチューブが冷蔵庫ほどの機械まで繋《つな》がっているのを見て、どれほどショックだったことか」

これまでがまんしていた淳一さんの目から涙がボロボロとこぼれはじめる。純子さんが言葉を継ぐ。

「意識を取り戻して、私たちと対面したとき、裕美は何も言わずに神妙な顔をしていました。言葉にならないほど辛かったろうに、親を気遣う。裕美はそういう子なんです」

危機は立て続けに襲ってくる。半年後。純子さんがいつものように病室に行くと裕美さんがいない。

「突然、意識を失って、ICUに連れて行かれたんです。危篤《きとく》状態ということでした」

人工心臓の患者にとって最も恐ろしいのは感染症だ。川合助教授が言う。

「突然意識がなくなって呼吸停止したんです。チューブの入っているところからのブドウ球菌の感染症でした」

裕美さんの意識不明は1週間続いた。感染症の怖さを、川合助教授はこう表現する。

「人工心臓の患者さんというのは崖っぷちを歩いているようなものです。今日ニコニコしていても、菌が入ると明日どうなるかわからない。それは大変なストレスです。裕美ちゃんの場合、一度崖から落ちたのに助かったというケースでしょう」

裕美さんがICUから出たのは1カ月後。そのときの喜びを淳一さんは忘れられない。

「娘が最初に何と喋《しゃべ》ったのかハッキリは覚えていませんが『ああ、生き返ったんだ』と妻と手をとりあいました」

崖っぷちを歩き続けているような人工心臓の使用限界はほぼ1年。一方で、国内での心臓移植手術の待機時間は平均してほぼ3年。

「このままでは国内で待ち続ける場合、裕美ちゃんの生存の確率は低い」

そう冷静に分析する川合助教授は、しかしそこで語気を強める。

「裕美ちゃんには芯の強さがある。『生きたい』という意思がある。そんな彼女がいま死ぬのは、僕らはフェアじゃないと思う。なんで彼女が、と。助かる方法があるのをわかっていながら、日本に生まれたということだけのために移植を受けられずに裕美ちゃんが死ぬということだけは、なんとしても避けなくてはいけないんです」

記者にはひとつ重大な不安があった。両親も主治医も、これまで裕美さんには病気の深刻性を告知せずにいる。自分の病名を検索して調べるといけないので、両親は病室にパソコンを入れることすらやめている。だがもし今回、記事にすれば、当然彼女はそれを読むだろう。

「それでも……」

そう質問した記者の目を淳一さんはしっかりと見返した。

「裕美に知られてでも、1行でもいいから掲載してほしいのです。募金が集まらなければ、アメリカに行けない。行けなければ裕美は助からないのです。国や行政が助けてくれることはない。皆さんの善意だけが頼りなんです」

そして、こう付け加えた。

「どうぞ、病室に行って、裕美と話してみてください」

許されているのは、わずか4メートルの空間だけ

アルコール消毒液を2度、両手にすり込み、マスクをつける。感染症を持ち込まないためだ。東京女子医大心臓血圧センターの病棟。純子さんの先導で、記者が裕美さんの病室に入ったのは、両親の話を聞いて3日後のことだった。

「こんにちは」

半分背もたれ部分を起こしたベッドの上で、裕美さんは記者に微笑んだ。きれいな黒髪を右手でかきあげると、小首をかしげて微笑む少女。それだけを見ていると、退院が近い患者のようにも見える。しかし、彼女の体からは数本の管が外に延び、水色のパジャマの

お腹のところでは、何かがパタパタと音をたてて絶えず脈打っている。

管の先は少し離れた大きな機械の集合体に繋がれている。それが人工心臓だった。17歳にして裕美さんに許されているのは、この機械から管を延ばせるトイレまでのわずか4メートルの空間にすぎない。

「裕美ちゃん、身長は確か150センチなんだよね」

純子さんに聞いていた数字を記者は言う。すると唇を尖らせた裕美さん。

「151センチですっ！」

17歳の乙女にとってはその1センチがとても大切なのだといわんばかり。とりとめのない会話の間も細い手足を懸命に動かしているのは、筋肉の衰えを防ぐためだ。初対面の記者との慣れない取材にもかかわらず、裕美さんの顔からは笑顔が絶えない。

その日から何度病室を訪れただろうか。4月に入ったある日のこと。あまり具合がよさそうではなかった裕美さんは記者とふたりきりだった。

「よくなったり、悪くなったり。ギリギリで生きている感じ。何だろう……。1日1日っていうか」

その語調には記者の居住まいを正させるものがある。

「ふつうだったら『来週はどうしよう』とか考えるけど、明日しか考えられない。こういう話は、親にもあまりしたことがないんですが……」

そう前置きして裕美さんは初めて自分の心臓移植について触れたのだ。

「『お金のことは心配いらない。体力とか自分でできることだけを考えていなさい。気にしなくていいから』と言われて、あまり募金の集まり具合とかを聞ける雰囲気ではなくなっちゃったんです。アメリカには行けるんだろうか。このまま移植できないんじゃないかって、どうしても思ってしまうんです」

彼女が死ぬのはフェアじゃない――。病室を出た記者の耳の奥で、川合助教授の言葉がこだまする。

その数日後のことだった。病室に居合わせた純子さんがこう言って記者に1枚のコピーを差し出したのは。

「裕美が小学5年生のときの作文なんです」

〈生体肺移植について〉

タイトルを見て驚いた記者に純子さんが黙ってうなずく。

〈私は、お母さんから肺移植をした人がいることを、聞きました〉

そう書き出された作文は、長野県の24歳の女性に、母親と妹がそれぞれの肺を提供したという事実経過を追う。そして。

〈もし、私の家族が、病気で、肺をあげなければいけなかったら、私は、こわくてあげたくないけど、それで助かるならあげたいです。でも、こわくてあげられないかもしれません。だから、肺移植の手術のために、肺を提供したお母さんと妹は、本当にえらいと思いました。私は、自分は健康だし、家族も病気の人がいなくてよかったと思いました。これからも、健康でいてくれたらいいなと思います。

私は、死んだあと病気の人に、自分の体の一部をあげるドナーカードや、目のかくまくをあげるアイバンクがあると聞きました。死んだあと、ほかの人の役にたつのなら、私は喜んで協力したいと思います〉(98年墨田区小学生文集128ページ。原文ママ)

ここで泣いてはいけない。いちばん辛い裕美さんの前で涙を見せてはいけない。

そんな記者の動揺がわかっていたのか、どうか。しばらくの沈黙のあと、裕美さんはキリッと記者を見返して言った。澄んだ、目だった。

「本当に、こんなことになるなんて、私自身がいちばん、思ってもみなかったことなんです」

どう言葉を返せばいいのだろう。

ふと、こんな提案をしたのは、文章の持つ力を信じている記者としては、精いっぱいの思いを伝えたかったからかもしれない。

「裕美さん、いまのきみの気持ちを、また作文にしてくれないかい？」

こっくりとうなずいた裕美さん。窓の外には、気の早い桜が、ひとつ、ふたつ、咲いて。

大好きなお姉ちゃんのために街頭で募金を呼びかける妹

憎むべき拡張心筋症との闘いは、とにかく時間が命だ。そのためには人手はひとりでも多いほうがいい。そう思った記者も、及ばずながら募金箱を胸に慣れない街頭に立った。

茶髪の若者は小銭入れから１００円玉を取り出して入れてくれた。

「私らも生活があるのでこんな額しか出せないけれど」

そう言いながら千円札を差し出した老夫婦がいた。両親に手をひかれた5歳くらいの女の子は「がんばってね」とお父さんから受け取った小銭を入れてくれた。

淳一さんがいう。

「子どもがこうなるまで、街頭の募金など気にも留めないでいました。テレビで難病の話などをやっていても、ひとごとだと思っていた。自分の子どもがこうなってみて、ああそれはみんな現実の世界のことだったんだと痛感します」

純子さんには、胸に深く刻まれたことばがある。

「『自分たちが困ったときには助けていただかなくてはいけないことがある。お互いさまですから』そう言ってお金をくださった方がいました。それを聞いて、どうして自分たちはいままでできなかったのだろう。どうして、あの方たちはできるのだろう。そう思ってしまって、涙が止まりませんでした」

大きな声で街行く人たちに呼びかける妹の彩ちゃんは、街頭募金の大切な戦力だ。

「本当に優しいお姉ちゃんなんだもの。大好きなんだ」

こつこつと、しかし着実に今日も本田家と仲間たちの闘いは続く。必ず裕美さんを生の世界に連れ戻すという信念のもとに。

裕美さんに記者が「宿題」の受け取りに行ったのは、桜の花が満開を迎えようとしているころだった。病室で受け取ったルーズリーフに並んでいたのは、ちょっと左に傾いた、10代の女のコらしい文字。ところどころ消しゴムで消して、書き直されている。

そこには、こうあった。

〈元気になったら、何よりも先に、高校に戻りたいです。そして、いままで休んでいたぶん人よりも勉強したいです。

私は本を読むのが好きなので、司書になれたら良いなあと思っています。入院中の自由な時間にも沢山本を読んできて、ますますそう思うようになりました。

いま、私は病院の先生や看護婦さん、救う会の皆さん、家族、親戚、友達、学校の先生、支援してくれた方々など色々な人達に支えてもらっています。

なのでそのぶんお返しが出来るように人の役に立つ仕事やボランティアもしてみたいです。

みんなに優しくされたり、励まされたりしたおかげでここまで頑張ってこれました。

だから私も、人の痛みがわかり、誰にでも優しく接することが出来る人になれるように努力したいです〉

言葉ではなく、記者が投げた視線を、裕美さんはしっかりと受けとめてうなずいた。

そう。信じている。

アメリカで元気な心臓を貰って帰ってきた君が、この作文の続きを書いてくれる日を！

【その後の物語】その後、裕美さんの病状はテレビ朝日系の番組「ＴＶのチカラ」で全国放映され、番組を見た視聴者29万人からの募金で放送翌日に目標額を達成。２００５年7月に渡米した裕美さんは、人工心臓に血栓ができるなどピンチにも見舞われたが、８月４日、心臓移植手術に成功した。裕美さんは念願の通学も再開できるまでに回復し、現在は同じ病気に苦しむ人たちを見舞いに回っている。

103歳、日本最高齢のボランティア

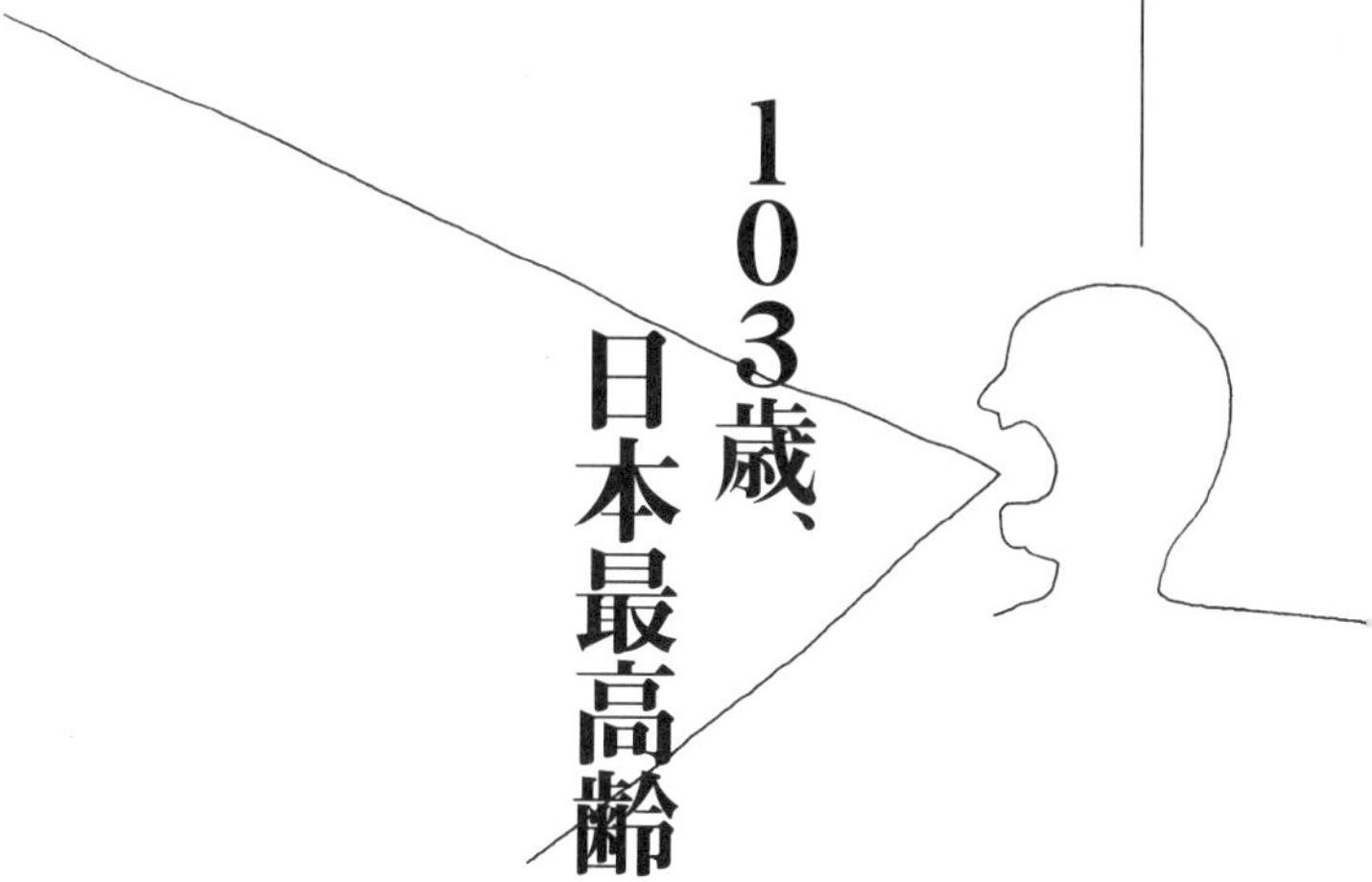

姫路少年刑務所の受刑者たちと半世紀にわたって向き合ってきた日本最高齢の篤志面接委員、黒田久子さん。3000回の「指導簿」に綴られる〝子どもたち〟の心の叫びには、家庭の温もりの欠けた人生がかいま見える。不幸な子どもたちが社会から根絶される日まで、黒田さんの辞書には、「引退」の2文字はない。

（2006年7月25日）

肩書き・年齢は取材当時のものです。

第7章

刑務所面接委員・黒田久子さん

親の虐待事件にざわめき、子の親殺しに揺らぐ。日本を覆う不安は、どうぬぐえばいいのか。その問いに答えを出すのは難しい。と思いきや、ときに優しく、ときに厳しく受刑者たちと向き合い、家族の大切さを伝え続けてきたおばあちゃんが教えてくれた。答えは、とても簡単だった。「かつてのように親が親らしく生きることだ」

今日も刑務所に響く103歳の喝！

どんよりとした梅雨空から雨は分け隔てなく降る。連なる高い塀の中にも外にも。6月下旬、兵庫県姫路市。しかし、その塀の中にいる人々が外の世界で同じ雨に打たれることは、はるか彼方《かなた》にしか叶《かな》えられぬ夢なのだ。犯した罪を償《つぐな》っている、塀の中の458人にとっては。

「姫路少年刑務所に収容されているのは、19歳から34歳の受刑者です。少年院とは異なり、男子若年受刑者を収容する施設で、薬物濫用《らんよう》や窃盗などを繰り返す犯罪傾向が進んだ受刑者が多いと言えます」

時刻は8時半を回ったばかり。記者と一緒に今から来るある人物を待つ間に、総務部長の岡西正克さん（52）が説明してくれる。ちょうどその話が終わったときだった。1台のタクシーが玄関前に滑り込んできた。岡西さんと、教育専門官の樽順さん（57）が開いたドアにさっと駆けつける。降りてきた高齢の女性に心配そうな視線を送るが、どうしてどうして、車を離れた彼女はしゃきりとした足取りで玄関へと歩き始めた。

紫色のワンピース。あまたの皺《しわ》が刻まれた顔の中の瞳は、しかし力強く、優しい。

その女性、黒田久子さんは篤志《とくし》面接委員である。そして、恐らく日本で最高齢のボランティアだ。当年とって103歳。委員を引き受けてから約半世紀ということになる。

「いつもはバスで来るんですけどね。今日は雨だから」

しっかりした口調の黒田さん、初対面の記者をさっそく笑わせてくれる。

「以前タクシーでここで降りるとね、運転手さんが『おばあさん大変やね。入ってはんはお子さん？　お孫さん？　面会終わるまで、待っとったろか？』と言ってくれてねえ」

建物に入った黒田さんを先導する樽さんは鍵の束を持って、扉があるたびに開けていく。その厳重さはさすがに刑務所だ。たどり着いたのは、処遇棟2階にある委員面接室。6畳ほどの面接室の中には、机を隔てて椅子《いす》が2つ。その1つに黒田さんが座り、机の上には「指導簿」と表書きされた青いファイルと、筆入れ、老眼鏡、辞書を置く。やがて受刑者が入室すると、規則によって記者は外に出され、中の様子をうかがい知ることはできなくなった。

篤志面接委員というのは、受刑者たちの相談に乗ったり、悩み事を聞いたり、書道や短歌などの余暇活動をサポートしながら社会復帰の手助けをするボランティアだ。

黒田さんが面接するのは、原則的に仮釈放が決まった受刑者。これから社会に復帰していく不安と向き合うことになる人々だ。彼らと話すときの心構えについて、後に黒田さんは記者にこう語っている。

「将来について誰もが心配を抱えています。だから私が言うのは『その気にさえなれば、やり直すのに遅いということはない』ということなんです。わずか20分ほどの面接ですが、『もういっぺんやってみィ』と心を込めて言うと、相手の顔がパアッと変わる」

出所した元受刑者に黒田さんが会うことはない。

「それが虚《むな》しいと思ったこともあります。しかし、だからこそ『今このときにこの子と話さなくては、もう二度とできないんだ』と心を込めて話すんです」

面接室の中に、受刑者が入ったようだ。

「はい、姿勢正して。礼！」

樽さんの声に続いて、受刑者の元気のいい声。

「よろしくお願いします！」

今日も、黒田さんの一期一会《いちごいちえ》の面接が始まった。

関東大震災を経験、戦後は畑仕事で食いつなぐ

黒田久子さんは明治36年5月5日に6人きょうだいの長女として姫路に生まれた。日露戦争の前の年だ。

「働き者の母の口癖が『役に立つ人間になれ。そのためには女も手に職を持つことや』でした。ですから、女学校を出たあとの東京の師範学校、共立女子職業学校（現在の共立女子大学）に進んだんです」

女性が教育を受けることすら珍しかった時代に、東京の学校に進学するというのは、よほど先進的で豊かな家庭だったに違いない。

卒業後、共立で教鞭《きょうべん》を執《と》った黒田さんは、先生になって半年目に関東大震災に遭う。

「土曜の授業を終えて、神田の下宿先で袴《はかま》を脱ごうとしていたときでした。突然、ゴーッという地鳴りがしたかと思うと、ドーンと激しい縦揺れが襲った。地震だ！　世の中はこれで終わると思いましたね」

下宿も学校も全壊したが、九死に一生を得る。逆に、壊滅した東京を離れて姫路に帰ったことが、良縁をもたらすことになる。２年後の大正14年に、大学教授だった黒田英一郎さんと結婚するのだ。

「黒田の両親が地元で『このあたりに学問を積んだ娘さんはいないか』と探していたんです。4月8日にお見合いして5月22日には結婚。今では考えられませんが、そういう時代でしたねえ」

哲学が専門の英一郎さんは講演を頼まれても「謝礼はいらん」と言うような人。

「家族がなんとか食べていければええやないか、という考えですから、まあ、苦労はしましたな。でも、ようよう考えたら私も似てるところがあるかも」

夫のことを回想する黒田さんの笑顔は少女のようだ。

「転勤も多かったんですが、４人の子どもは、甲府にいた10年間に生まれました。終戦を迎えたんは、大分です」

英一郎さんが神戸大学に転勤になり昭和20年の10月に姫路に戻ったものの、空襲で実家は焼け落ちていた。バラックで暮らしながら大豆やきゅうり、なすなど、慣れぬ畑仕事をして食いつなぐ生活が続く。そんななかで４人の子どもを育て上げた黒田さんに、子育ての秘訣《ひけつ》を聞いてみた。

「そうやなあ。子育てとは、親自身が、一生懸命に生きることやと思います。私の母もそうでしたが、親自身が一生懸命に働き、生活する背中を見て育った子は、そう間違ったことはしません」

面接室の中で向かい合う受刑者には、その体験が欠けていることを、黒田さんは感じているのだろう。だからこそ、これから社会に戻っていく彼らにはその思いを伝えたいのだ。親と子の負の連鎖を断ち切るためにも。

子育てを終え、夫に背中を押されて篤志面接委員に

家族のために懸命に生きてきた黒田さんが社会とかかわりを深く持つようになったのは47歳のときだった。姫路城陽地区婦人会会長になってほしいと周囲に懇請《こんせい》されたのだ。

「毎日の食べ物にも困ってるのに、そんなことできひん、と断るつもりでした。ところが、当然反対するだろうと思っていた夫に相談すると……

英一郎さんは「子どもも大きくなったんだし、引き受けてはどうか」と逆に背を押したのだ。

いったん社会とのかかわりができると、そこはいつも元気で前向きな黒田さん、さまざまな公の仕事が舞い込むように。昭和26年には保護司。そして姫路少年刑務所の篤志面接委員になったのは昭和32年、54歳のときだった。

3年後、定年を前にして英一郎さんが亡くなる。そのことは黒田さんに、ますますの社会貢献を決意させた。

「夫の分も、社会のために役立つ仕事をしていかなあかんと思ったんです」

人によっては篤志面接委員を、地域の名士と認められた名誉職だと考えるというが、黒田さんは違う。

「私はそうは思わないので、名刺も作ったことがない」

名前だけの委員ではなく、ひたすら実際に社会復帰に役立つ仕事を。それが50年間、3000回にものぼる面接の間、黒田さんが考え続けてきたことだった。

「密室の中で、受刑者と向かい合うわけですが、怖いと思うたことは一度もない、ただ二度と悪いことはせんでほしい、その気持ちだけです」

丸刈《まるがり》が規則の刑務所だが、出所を控えた受刑者は、髪を伸ばすことが許される。

「あどけない顔の子が、髪を伸ばし始めとって。かわいいですやん」

そう笑う黒田さんは、人のいいおばあちゃんそのものだ。受刑者たちが慕《した》い、出所前ではなくとも面接を願い出る受刑者がいるというのもうなずける。

50年の間に日本の社会は激変したように見える。しかし、黒田さんの目から見ると、罪を犯す子どもたちの本質は変わってはいなかった。

「終戦直後は、暴力団に入って指がなかったり、入れ墨をしている子が多かった。『親からもらった大事な体を傷つけるとは、どういうことや！』と叱ったものです」

そのころから時代は変わったが、自分の体を傷つけるということでは今も同じだと、黒田さんは嘆く。

「今は、薬物です。やっていた子は、歯がボロボロやからすぐにわかる。そんな子が相当なスピードで増えている」

昔は入れ墨、今は薬物。しかし、黒田さんが彼らにかける言葉は変わらない。

「体の傷は消えへんけど、心のほうは、自分がこれじゃあかんと気づいたときからやり直せる、ということですね」

その立ち直りに欠かせないのが、家族の存在だと黒田さんは考えている。しかし、そもそも家族に恵まれないことから罪を犯してしまった受刑者たちほど、出所してからも待っていてくれる家族の存在は希薄だ。

そうした受刑者たちに対して、黒田さんは懸命に家族の絆《きずな》を取り戻す方法を一緒に考える。たとえば、秋田の施設で育ち、いくつかの刑務所を経て姫路市に来た、この受刑者のように。

「3歳で母親を亡くし、父と姉は行方不明と言っただけで、あとはだんまりでした。九州の生まれやのに、出所したら縁もゆかりもない広島に行くという。ああ、この子は家族の温《ぬく》もりを知らんのやな、と思いました」

その受刑者に黒田さんがかけた言葉は、おそらく同様なほかの受刑者たちにも投げかけられた典型的なものだろう。

「広島に行ったなら、ここで働いて貯めたお金があるはずやから、まず家を借りなさい。そして、長続きしそうな仕事を見つけて、どんなに辛うても、歯を食いしばって頑張りなさい。仕事はより好みよりも、辛抱《しんぼう》が肝心ですよ」

そして、仕事が続き、そこに落ち着く気になったら、と黒田さんは続けるのだ。

「そしたら、家族をお持ち。家族ほどいいものはないよ」

事前に受刑者に関する資料を読むことを、黒田さんはしない。

「一人ひとり事情が違うんやから、教科書なんてありません。家族の話なら、家族の話、そのもととなるものは、私のここにあるんです」

そう言って、黒田さんは胸のあたりを指さす。

「私は、作った話は一度たりともしたことはない」

自分が大切に守り育ててきた家族の歴史。それに対する圧倒的な自信が、100歳を超えた小さな体から放たれているようだ。累犯《るいはん》の受刑者ですら素直に心を開く、と刑務所関係者が驚く秘訣は、このあたりにあるに違いない。

50年間の訴えが実り、刑務所内で育児ができるように

そんな黒田さんだから、もちろん今の自分の家族もこのうえなく大切な存在だ。子どもは4人。孫が8人。曾孫《ひまご》が3人。そのうちの長男夫婦と、黒田さんは同居している。

「起きるのは4時です。テレビの放送開始に日の丸が出るでしょ。あれ見なんだら気がすまんの。そのあとは嫁さんに迷惑かけんよう、じーっとしてます」

そう笑う黒田さんだが、この日もタクシーまで送ってくれたのは、そのお嫁さん。家族みんなが応援している。

「息子も、この仕事を誇りに思ってくれてるみたいで、それが嬉しいですね」

何よりも家族がいちばん。だからこそ黒田さんには、半世紀の間ずっと気にかかっていた、ある問題があった。きっかけは面接委員になってまだまもないころだ。

「ある受刑者が『女房が妊娠しているんですが、彼女も刑務所に入ることになったので、中絶の同意書を書いてくれと言ってきたんです』と相談してきたんです。これは、簡単にすませられる問題やないと思いました。家族は一緒にいるべきや、というのが私の何より大切にしてきた考えですから」

黒田さんはすぐに行動した。受刑者の妻が入っている女子刑務所を訪ねて、子どもを産んだ場合、どういう扱いになるのかを聞いたのだ。

「刑務所で産むことは可能でしたが、生まれてすぐに施設に引き取られてしまう。お母さんは自分のお乳で育てることはできないんです」

黒田さんの奔走《ほんそう》にもかかわらず結局、受刑者は中絶を選んでしまう。黒田さんは、再び男と面接し、こう言った。

「今ごろあんたに言ってもあとの祭りやろ。しかし、言わせてもらう。もし、女房が子どもを産んどったら、あんたが出所したときに、ニッコリ微笑《ほほえ》んで出迎えてくれる赤ん坊がおったはずや。その尊い命を、闇から闇に葬《ほうむ》って、何とも思わへんのか」

あえて厳しいことを言ったのは、そのひとつの命が「家族」の絆となって、両親の更正にも役立つはずだという確信が、黒田さんにはあったからだ。しかし、そうは言いながらも黒田さんは考えこんだと言う。

「でも、産んですぐに手元から自分の子を奪い去られるとわかったなら、果たして女性の受刑者は子どもを産むだろうかとも考えたんです。これはあかん。刑務所で出産しても、子どもと母親を生き別れにさせてはいけない。そう痛感した私は、ことあるごとに関係者や、マスコミの人に言い続けてきました」

50年。こんなに気が遠くなるような間、ひとつの課題について訴えかけ続けるなどということができるだろうか。しかし、黒田さんはそれをやってきたのだった。

そして昨年（05年）の6月。

「ついに実現したんですよ」

飄々《ひょうひょう》と話す黒田さんが、取材のなかでたった一度だけ、感情を高ぶらせた瞬間だった。

「受刑者が、刑務所の中で産んだ子どもを、自分のおっぱいで育てることができるようになったんです」

刑事施設および受刑者の処遇棟に関する法律が施行され、その43条で、受刑者の子どもが1歳6カ月に達するまで、母親である受刑者が施設内で養育することが許されることとなったのだ。

「50年間、こつこつやってきた甲斐《かい》がありました。一緒に委員になった人も、みんな亡くなってしまったけどね」

茫々《ぼうぼう》たる歳月を思ってだろうか、遠い目をする黒田さん。

「赤ちゃんを施設に入れることで、またひとりの親の顔を知らない子どもができる。そういう環境で育ったために、刑務所にきてしまった人たちを、あまりにたくさん見てきましたからね」

そして、赤ちゃんの存在は親たちの更正にも役立つはずだと、黒田さんは強調する。

「1年半もお乳を飲ましとってみなさい。愛情が湧いてきますよ。それが母親というもんです。家族です。そして、家族がおったら、家族のためと思ったら、誰もが一生懸命に頑張れるもんです」

ひとつの事をなし遂げるのに、50年かけられる人はそうはいない。それは、たいていの人は大人になってからバリバリ活動できる時間が、そんなにはないからだ。しかし、103年を生きてきた黒田さんには可能だった。あるいは天は、母と子を引き裂く悪法を正させるために、黒田さんにその長いいのちを与えたのかもしれない。

黒田さんの表情から、まだ興奮の色は消えない。

「この法律ができたとき、心からバンザイと思いました。いえ、実際に『バンザーイ！』と声を上げましたよ。そして、ああ、私の仕事がこれですんだと思いました」

そう言いながら、黒田さんはひょい、と両手を挙げた。刑務所の事務所のソファで、103歳の媼《おうな》は、軽々とバンザイをして見せたのだ。

それは、彼女が生きてきた長い歳月そのものをも、自ら祝福しているようで――。

受刑者たちの拍手を背に受け、家族への思いを伝え続ける

「私の仕事がこれですんだ」

パワフルな黒田さんのこと。「すんだ」のは母親である受刑者の子の養育というテーマだけで、その目は次の問題に向けられている。

「このうえはね、性犯罪を犯してしまう子どもについて何とかしていきたい」

最近のように、性犯罪者が犯行を繰り返すことが大きな社会問題になるずっと前から、黒田さんはそのことに気づいていた。

「彼らには治療が必要なんです。そのための施設を造ってほしいと、私はずっと言いつづけてきている。お医者さんがいて、社会に出せるまで面倒を見る施設がいるんです」

黒田さんの辞書には、「引退」の2文字はない。教育専門官の樽さんは「辞めるときは、自分の足で行き来ができなくなったときではないか」という思いを、黒田さんが述べていたのを聞いたことがある。

篤志面接委員の契約は2年ごと。次の更新時期は来年の（07年）8月だ。

「『先生、どないされますか？』と聞いて『うん』と頷《うなず》かれたら『まだまだやで』という意味です。まあ、大丈夫でしょう。何しろ来年6月にうちの施設で開く、篤志面接委員研究会の大会のことが、気になって仕方がないようですから（笑）」

黒田さんが委員になって節目の50年を迎える来年、偶然にも持ち回りの大会が、姫路少年刑務所で開かれるのだ。記者の目の前でも黒田さんは樽さんたちと「記念品は」「スピーチの順番は」などと、打ち合わせに余念がなかった。

「そのときの記念品の会費を今払うとおっしゃって、ちょっと困りました」

苦笑する樽さん。

「でも、そんな先のことを考えておられるのが、長生きの秘訣なんでしょう。姫路少年刑務所で働く私たちは全員、先生のご健康を願っています。いつまでも今日のように、面接室に通ってきていただきたいものです」

その思いを受刑者たちも共有していることに、樽さんは昨年驚かされた。

「先生が法務大臣から感謝状を贈られまして、受刑者たちの弁論大会の場で贈呈式をしたところ、一同から『オーッ』という声と大きな拍手が湧き起こりまして。私たちのほうが感動させられました」

あの面接室で黒田さんが語る「家族」への思いは、いつの間にか会ったこともない受刑者たちの間にも広まっていたのかもしれない。103年間貫いてきた黒田さんの家族への思いが、厚い壁も鉄格子も、きっと貫いて――。

【その後の物語】2009年現在、黒田久子さんは「最高齢の篤志面接委員」の座を守り続けている。「長寿の秘訣は?」という質問は多いが、黒田さんは「特別なことは何もしていません。栄養のこともとくに考えていないし、普通です。私は、長生きは授《さず》かりもんやと思っています。あえて言うなら、続けてやらなあかんことが次々とあること。それが長生きさせてくれているのかもしれません」と答えている。

第8章

県立柏原病院の小児科を守る会

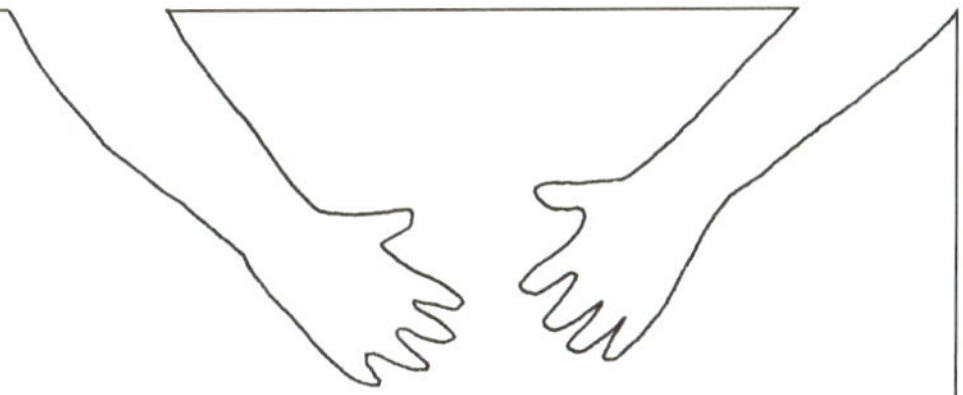

ママたちが閉鎖寸前の小児科を復活させた

2007年4月、兵庫県立柏原病院の小児科は閉鎖寸前だった。この危機的状況に立ち上がったのが、地元のママたち。「県立柏原病院の小児科を守る会」を結成、閉鎖を回避しただけでなく、以前よりもさらに充実した小児科医療体制を実現させた。崩壊寸前だった地域医療に、ママたちはどのような〝奇跡〟を起こしたのだろうか。

（2008年9月2日）

肩書き・年齢は取材当時のものです。

「医療費削減」「研修医制度」「医療訴訟の増加」「モンスターペイシェント」。医療崩壊が話題になるたびに、私たちはさまざまな原因を挙げる。だが、いま医療が抱えている問題は、想像以上に複雑で、深刻だ。簡単に白黒をつけられるものではない。それでも立ち止まらず、いま、できることを考えたい。奇跡はいつも、そんなことからはじまる。

厚生労働大臣も注目した、小児科崩壊をくい止めるヒント

その危機は静かに私たちの足元に忍び寄り、気付いたときには子どもたちの命が危険にさらされている。

小児科崩壊。全国の病院で小児科医が不足し、診療科目そのものを閉鎖せざるをえないところが続出している。高熱の幼児をかかえた母親が、不安に押しつぶされそうになりながら、長時間車を走らせている光景が、日本のそこここで繰り広げられているのだ。

崩壊を押しとどめるべき担当の官庁は厚生労働省。大臣は舛添要一さんだ。

2008年7月3日、その舛添大臣の姿が意外な場所にあった。

新大阪駅から在来線の特急で1時間40分。黒豆や松茸《まつたけ》で知られる兵庫県丹波市の、鳥のさえずりに包まれた山の中腹に立つ、県立柏原《かいばら》病院を視察に訪れたのだ。病院は大臣を取材するマスコミや警備陣で、にわかに騒然となった。

なぜ、現職の大臣がわざわざ大都市から離れた一地方病院を視察に訪れたのか。それは、この柏原病院にこそ、小児科崩壊をくい止めることができるかもしれないヒントが存在するからなのだ。

「危機的状況のなかでおやりになって、小児科を救った。私は視察に行く先々で、みなさんの話をしています」

そう言う舛添大臣と向かい合っているのは、医師でも病院のスタッフでもない。町のどこでも出会えそうなごく普通の主婦たちである。

しかし、彼女たちが活動する『県立柏原病院の小児科を守る会』（以下『守る会』）こそが、実際に柏原病院の小児科崩壊をくい止めた。

「みんな子育てがあるし、主婦業もあるから、無理はせんと、できる時間内でできることをやる。そんな会です」

そういう代表の丹生裕子《たんじょう》さん（37）自身も、小学6年、4年、2年の2男1女を持つママさん。15人のメンバーは全員が20代と30代で、子育て中であることが共通している。

舛添大臣はこうも言った。

「日本の医療を立て直すには医療側や政府、行政だけではなく、患者の方々にもご協力をいただきたい」

子育て中のママたちはまさにその「患者の方々」の親である当事者。この当事者であることこそが『守る会』の強みであり、活動を成功に導いた秘訣だった。

『守る会』が掲げる3つのスローガンは、いたってシンプルだ。①コンビニ受診をひかえよう、②かかりつけ医を持とう、③お医者さんに感謝の気持ちを伝えよう——。
①のコンビニ受診とは、さほど重い症状でなくとも「とりあえず大きな病院の小児科に行く」「すいているという理由で夜間に病院へ行く」ことだ。このことによって小児科医は疲労困憊《こんぱい》し、本当に重篤《じゅうとく》な患者を診《み》る機会が失われる。だから『守る会』は②のように近くにかかりつけ医を持って、軽い症状ならばその先生にまず診てもらうことをすすめる。

そして何よりも③。①と②は記者にも理解できたが③を聞いたときには「何だろう？」と思った。いつも心のなかでは感謝の気持ちを持っているつもりだったからだ。

しかし、取材を進めるうちに、それはとんでもないうぬぼれだったことがわかる。気持ちは言葉にしないと伝わらない。そして、一見ささいなそのことに、医療の崩壊をくい止めるおどろくべき力が秘められていたのだ。

行政にもできなかったことをなし遂げた、これはママたちだからこそ気付いた「言葉の力」の物語である。

医師はまるでボロ雑巾、小児科はすでに崩壊していた

昨年（07年）４月、柏原病院の小児科はまさに崩壊しようとしていた。医師２人体制でそれでも過重な負担に辛うじて耐えていたのに、そのうちの１人が県の人事で院長になって一線から退くことに。結果として和《わ》久《く》祥三《しょうぞう》先生（41）だけになってしまったのだ。

「医局に帰ってても疲れ果てていてソファでそのまま寝込んでしまう。家にも帰れないから、

汚れるし臭いし、無精髭《ひげ》も生えっぱなし。まるでボロ雑巾《ぞうきん》のようでした」

時間外の外来患者は1日に10人程度。しかも五月雨《さみだれ》式にやってくるので、仮眠をとることすらできない。しかし、本当の重症といえるのは、そのうち1〜2割で、あとはコンビニ受診の患者である。

和久先生は各所に訴えた。

「県にメールを送り、保健所や医師会にもこのままでは病院が崩壊してしまうことを、必死に伝えました」

なしのつぶてだった。ついに和久先生は、自分のふるさとであり、愛していた柏原病院を辞める決意をする。

「真剣に話も聞かず、考えず、危機感を共有できない。命を大切にできていない兵庫県に絶望したんです」

先生の奥さんも賛成した。

「『よう決断してくれた』と言われましたね」

家族にも、先生が壊れていく様子が見えていたのだ。

そんな彼を心配して見守っていた1人のジャーナリストがいた。地元紙、丹波新聞の足《あ》

第8章

ママたちが閉鎖寸前の
小児科を復活させた

立智和記者《だちともかず》（35）だ。

「そのころの和久先生は、感情失禁というか、目に涙を浮かべて泣いたかと思ったら、急に怒りだすような状態でした。そして、とうとう辞めると私に言った。SOSだと思いました。新聞に出ることで、何かが動くかもしれないと、最後の賭けをしているんだと。これは、何をおいても書かなあかんと決めました」

07年4月5日。丹波新聞の一面に〈小児科実勤医「0」も〉の見出しが躍る。

記事は院長就任に伴い小児科医は和久先生1人になり、その先生も負担に耐えられないとして、5月には病院を去ると報じていた。

『守る会』の代表の丹生さんもほかのママたちも、この記事によってはじめて、自分たちの地域の小児科医療が崩壊していることを知ったのだ。

「ある日病院に行ったら『小児科は閉鎖します』と掲示されていた、などというニュースは人ごとやと思っていました。私たちもそうなるところやった。けれども和久先生がSOSを発し、足立記者がそれを書いてくれたおかげで、まさに危機一髪で私たちは知ることができたんです」

足立記者が催《もよお》した座談会に出席したママたちは、そこではじめて「コンビニ受診」という言葉を知る。和久先生がどんな過酷な状況で働いているかに驚き、『守る会』を発足させた。

「そんな大変な思いをしてはる先生にこれ以上『頑張って』とか、『辞めないで』なんて、よう言わん。それやったら署名活動をして県にお願いしたら、小児科医を1人くらい増やしてくれるかもしれへんね、と仲間と話しおうたんです」

和久先生が辞めるまで、あとひと月しかなかった。

小児科を守るために、ママたちは立ち上がった！

発足した『守る会』はすぐさま行動に移った。地元の商店や企業、保育園、開業医、薬局を1軒ずつ回って署名を頼んで歩いた。地域から小児科医がいなくなるかもしれないということに、住民たちは深刻な危機感を抱いた。年ごろの子どもたちを持たない世代も、将来の息子や娘、あるいは孫のために協力してくれた。

署名活動の最終日の6月3日がやってきた。しかし、5月いっぱいで去るはずの和久先生は辞めていなかった。

「いつでも辞めたる、とは思っていたんです（笑）。でも『守る会』の活動の結果がどうなるのかを知りたい。もう少し様子を見てみようと」

最終日、丹生さんたちは街頭に立った。地元新聞が事前に伝えたために、会場のショッピングセンター前には多くの人々がやって来た。そのときの光景を丹生さんは忘れることができない。

「まっすぐ一直線に私らのところへやって来て『これやねー』と言って署名してくれる人とか。わざわざそのためにやって来てくれたんですね」

5万5366筆。丹波市と隣接した篠山《ささやま》市の人口の合計が約11万人なので、ほぼ半分の人が署名をしたことになる。

大成功の理由について足立記者はこう分析する。

「彼女たちの署名用紙が素晴らしかったんです。行政に対して『何かしてくれ』だけやなくて『私ら患者もコンビニ受診やめるから、医者の負担を減らすから、なんとか医者を回してくれないか』と書いたんですね」

署名を持ってメンバーは勇躍、兵庫県庁へと乗り込んだ。しかし、要求していた知事との面会は果たされず、代わりに出てきたのは健康局長だった。参加したメンバーの1人が憤慨《ふんがい》する。

「丹波地域の現状を局長さんはご存じなかったようで『本当かね』と調べに行かせた部下が戻ってきて、私たちの目の前で『本当です』と報告する始末やったんです」

責任者たる局長が現状を把握していない。部下もすぐに答えられない。和久先生を絶望の淵に追い込んだ「命を大切にしない、真剣に考えない」自治体の実態だった。

「県立病院は柏原病院だけではない。但馬《たじま》地域のほうが困っているので、丹波は来年以降になる」

とも担当者は言った。そんな悠長《ゆうちょう》なことをしていると和久先生は辞めるか倒れてしまうだろう。

丹生さんは、県庁には行かなかったが、戻って来たメンバーが怒りの表情で話したことを覚えている。

「『神戸の病院まで車で30分もあれば来られるでしょう』と言われたそうです。確かに200キロも出せば行けるかもしれません。県は丹波市の場所すら、きちんと把握《はあく》していなかったんです」

帰りは土砂降りの雨に見舞われた。ママたちの誰もが徒労感と虚《むな》しさを感じていた。誰かがポツリと言った。

「何だか疲れたね……」

丹波地域に住む住人の半数の意思は無視された。

「ありがとう」の気持ちを、お医者さんにきちんと伝えたい

どっこい、ママたちはタフだった。2週間後。『お疲れさんのランチ』の席で出たのは「このまま解散するのはもったいない」という声だった。丹生さんが振り返る。

「だったら、やれることをやろう、という話になったんです。新しい医師が来ないのなら、今いるお医者さんたちの負担を少しでも減らすようにしよう、と。36時間、48時間の連続勤務をせなあかんのは、住民のコンビニ受診が大きな原因。そしたらひかえるように呼びかけへんか、ということになりました」

実は率直に現場の実態を紹介した署名活動を通じて、そのメッセージはすでに地域の

人々に伝わり始めていた。

03年5月には月間250人を数えていた柏原病院小児科の時間外診療は、署名を始めた1カ月後の5月には100人、6月には30人弱と、激減していたのだ。冒頭に紹介した3つのスローガンを掲げはじめたのもこのころだった。それをさらに浸透させる活動をしたい。しかし、先立つものは活動資金だ。このあたりからママさんたちの主婦パワーが炸裂《さくれつ》するようになる。

「フリーマーケットをやりました。子どもの古着やいらなくなったぬいぐるみなどを持ち寄って」（丹生さん）

値札には女性らしいかわいい動物のイラスト。しかし同時に啓発メッセージも。

住民たちに呼びかけをする一方で、ママたちは医師に対しても動いた。小児科のスタッフに「ありがとうメッセージ」を送ることにしたのだ。実はこの活動は偶然の産物だったと、丹生さんは苦笑する。

「そういう思いを暑中見舞いで伝えようと言うてたら、いつのまにかお盆を過ぎてしまって。『残暑見舞いいうのもヘンやし』と話し合って『それなら親子で感謝の気持ちを綴《つづ》ったメッセージカードを送ろうか』ということになったんです」

ここで記者はハッとなったのだった。深夜に、休日に、病院で医師に診てもらったときに「ありがとうございます」と口に出していただろうか。『診てもらって当たり前』『治してもらって当然』という気持ちではなかったか。そんな記者の心中を見透《みす》かしたように丹生さんが静かに続けた。

「『ありがとう』の気持ちはあっても、しっかりと伝わらなかったり、伝えそこなったりすることもあります。そこで、お医者さんにきちんと伝えるために、メッセージカードを作ったんです」

『守る会』のメンバーの子どもたちが折った折り紙で飾りつけた模造紙に絵を描き、感謝の気持ちを書いたメッセージカードを貼った。そしてそれを丹生さんたちが、和久先生に届けにいった。

「『今から行っていいですか』と電話だけして、突然うかがいました。先生はすごく嬉しそうやったけど、恥ずかしそうでもありました」

和久先生は６月になっても、７月になっても、そして夏が過ぎても柏原病院の小児科にいた。やはり、少し恥ずかしそうに和久先生が苦笑する。

「『ありがとう』のひとことが大きかったですね。単純ですからね、ボクは。もっともママさんたちも、最初は子どもの頭を押さえつけて言わせていましたが（笑）」

メンバーやその子どもたちのほかにも、この「ありがとう」のメッセージの輪を広げたい。そう考えた丹生さんたちは受付に『ありがとうポスト』を置かせてもらうことにした。ティッシュペーパーの空き箱を色紙で飾りつけた手作りだ。

入れられたメッセージは模造紙に貼り出し、はがした古いものはアルバムのようにして和久先生に贈っている。

今日も小児外来の壁に貼られたメッセージカードに、大勢の来院者たちが目を通す。子どもたちから。

〈みんなの病気をみたあとは、いつもつかれていると思います。私はいつもみんながみてもらったあと「先生だいじょうぶかなぁ」「先生つかれていないかなぁ」「かたこってきんにくつうになっていないかなぁ」といつもおもいますが、いつも心の中でおうえんしています〉

親たちからのものもある。

〈TVや新聞を見て初めて先生方の苦労を知りました。診てもらって当たり前と思っていた自分が恥ずかしく、今では感謝の念で一杯です。今まで子どもの命を守っていただきあ

りがとうございました〉

感謝の気持ちだけではなく、自分たちに何ができるかという気持ちも、地域の人々には育っているようだ。

〈すごく身近ですごく頼りがいのある先生方に心強い思いでした。そんな小児科がなくなるなんて……絶対反対‼　私たちも出来ることをがんばってやりますので、先生方皆様もよろしくお願いします〉

年が明けても和久先生は柏原病院小児外来にいた。そして、ママさんたちが先生に送った年賀状に、メールで返事が送られてきた。その内容を丹生さんは今でも覚えている。

「『守る会の効果を体感中です。心身ともにゆっくり過ごせるお正月は初めてです。当直で患者さんが来られても、心を込めて全力で診療に当たれるようになりました』というようなことが書かれていました」

地域の人々の感謝の言葉の輪で1人の医師が救われた。

そしてそれはまた、地域の人々自身の命を救ったことにもほかならないのだ。

小児科医が1人から5人へ、だがまだ危機は続く

『守る会』の活動はどんどん広がっている。

コンビニ受診を防ぐためのフローチャート、夜間電話相談の告知ステッカー。

立ち上げたホームページには、開設4日目に舛添大臣からメールが来た。

「『いたずらやろ?』『大臣、忙しいはずやから、事務方に書かせたんちゃう?』と言い合っていたんです。そしたら先日お会いしたとき『疑われたようですが、私が自分で書きました』と笑っておられました」(丹生さん)

その舛添大臣も自分の子どもの具合が悪いときには『守る会』が作ったフローチャートを参考にするらしい。自分たちの体験がこのフローチャートを生み出したと丹生さんは説明する。

「私自身、コンビニ受診をしてしまう親の気持ちは痛いほどよくわかるんです。だからその心配を少しでも減らせるようにこれを作ってみました」

顔色やうんちの色など、育児雑誌の付録にあるようなものをたたき台に、ママさんたちが自分の体験を付け加え、それを和久先生たちに監修してもらった。とはいえ、と丹生さんはくぎを刺す。

「素人判断は危険です。親が診察が必要と思えば、必要なんです。迷った場合は、夜間電話相談に電話をしてください。そして何より、まずはかかりつけの医師を訪ねてください。かかりつけの開業医にとっては、コンビニ受診はむしろ歓迎すべきことだと聞きました」

4月1日。医師たちに感謝の気持ちを伝え、働きやすい環境を整えようと続けてきたママさんたちの運動が、意外な形で、そもそもの目的だった医師の増員を実現させた。

2人の小児科医が柏原病院に赴任《ふにん》してきたのだ。6月にはもう1人。崩壊に瀕《ひん》していた柏原病院小児科は、今度は逆に過去最高の5人の小児科医を擁《よう》することになった。県にそっぽを向かれた丹波地域の住民は、結局自らの手で医師たちを招き寄せることに成功したのだ。

しかし、柏原病院全体としては、医療崩壊の危機は去ってはない。脳外科、整形外科など7つの科で常勤医師はいなくなった。常勤医師の数は6年前の半数以下だ。

丹生さんたちは次はこうした小児科以外の診療科にも、運動の輪を広げていきたいと考えている。

「柏原病院がなくなっては、元も子もありません。だけど、活動をすすめるうちにいろいろな問題点が見えてきました。内科なども、私たち親の世代にとっては重要な診療科です。地域医療全体を守るために何ができるのかを、皆さんと一緒に考えていきたい」

08年2月、ママさんたちと面会した厚労省の官僚は、最後にこう尋ねた。

「国にやってほしいことは何かありますか」

丹生さんの答えは官僚たちにとって意外だったろう。

「とくにありません」

官僚たちはみな、あっけにとられていたという。

「医療費のこととか研修医制度とか、そういうことは行政がやればいい。私たちは私たちができることをやってきたし、これからもやっていくつもりです」

座して文句をいい要求をするのではなく、自分たちの手で未来を切り開いていく。誇り高きママさんたちの活躍は、小児科崩壊問題にとどまらない何ごとかを教えてくれる。


【その後の物語】その後、『守る会』は「フローチャート」に小児救急医療のノウハウを加えた小冊子『病院に行く、その前に』を作成、配布している。冊子の表紙や応急処置などのイラストはメンバーが描き、改訂版では丹波市薬剤師会からのアドバイスも加えられた。

「ありがとうメッセージ」は全国にその輪を広げている。講演に招かれた先々でその地域の「ありがとうメッセージ」を集め、メンバーの手で装飾を施したうえで宛名の先生のもとへ郵送している。

第9章 吉永小百合さんが朗読する沖縄の物語

「ひめゆり」の祈りを伝えるために――

「にんげんをかえせ」――。1951年に発表された峠三吉のあまりに知られた詩だ。女優・吉永小百合さんが1986年から、ボランティアで続けている、「原爆の詩」の朗読会を始めて20年以上が経つ。吉永さんは今も、心にしまってきた思いを胸に〝沖縄〟の物語『ウミガメと少年』を朗読する。

（2007年7月3日）

肩書き・年齢は取材当時のものです。

吉永小百合さんの朗読会で、広島・長崎の原爆詩、沖縄を舞台にした戦争童話『ウミガメと少年』が語られる。吉永さんが読む、沖縄。そこには、『あゝひめゆりの塔』から40年間、吉永さんの心に深くささっていた「棘《とげ》」に対する、平和を語り継ぐものとしての願い、答えがあった。

にんげんをかえせ——吉永さんの声が静かに響く

舞台の上のスポットライトは、その人だけに当たっている。吉永小百合さん。いうまでもなく、日本を代表する大女優だ。その彼女が、何の背景もない舞台の真ん中にただひとり座り、やがて静かに口を開く。

ちちをかえせ　ははをかえせ
としよりをかえせ

こどもをかえせ
わたしをかえせ　わたしにつながる
にんげんをかえせ
にんげんの　にんげんのよのあるかぎり
くずれぬへいわを
へいわをかえせ

1951年に発表された『原爆詩集』のなかの、峠三吉のあまりに知られた詩。86年から全国で続けている、原爆の詩の朗読会で、吉永さんは必ずこの詩を読む。「この詩だけは絶対に外せません。短い詩ですが、人間として言わねばならないことを全部言い表していますから」

2000年に「シリーズ人間」は、吉永さんのこの原爆の詩の朗読について取り上げた。読み比べてみると、冒頭の描写はほとんど同じだ。そして、吉永さんの、峠三吉の詩に対する言葉も。

7年ぶりに吉永さんにお目にかかり、話を聞くうちに、記者の前からその間の歳月が消えていく。それだけ、吉永さんはぶれていない。同じ営みを、淡々と続けている。

それこそが凄《すご》いことなのだと、記者は思う。

しかし、今回、吉永さんは7年前の言葉に、さらに気持ちを重ねてくれた。

「中学生のとき、峠三吉や原民喜《たみき》の原爆の詩は読んでいました。けれども、本当の意味で深く受けとめられたのは、86年に初めて朗読会を頼まれて、再びこの詩に巡りあったときでした」

そこに書かれているものは、原爆の悲惨さだけではなく、人間としての肉親や自分に対する愛情だった。

「胸がいっぱいになりました。怒りとか憤《いきどお》りを通り越した、真の深い悲しみというのでしょうか」

吉永さんは、人間として、俳優としてなさねばならないテーマと出合ったと感じる。

「読み手として、また俳優として、その感情を少しでも表現したいと思いました。私は、いまもそこにいちばん強く惹《ひ》かれているんですね」

朗読会はやがて、ＣＤの制作に繋《つな》がっていく。97年、広島の原爆の詩を読んだＣＤ、『第二楽章』が発売。99年には『第二楽章　長崎から』が。

ミュージシャン、レコード会社。吉永さんの熱意に、多くの人々が精魂を込めて、協力してきた。

そして昨年『第二楽章　沖縄から』が出された。広島、長崎、と歩んできた吉永さんの平和と鎮魂《ちんこん》の旅は、初めて沖縄にその一歩を刻んだのだ。

「きっかけは01年に、野坂昭如《あきゆき》さんからいただいた、戦争童話『ウミガメと少年』（講談社）でした。私の胸のなかに、40年も前からずーっと棲《す》みついていた沖縄が、それでようやく形をとりはじめたんです」

沖縄の本土復帰から35年目の節目となる今年（07年）の6月24日。東京オペラシティで、吉永さんはチャリティコンサート朗読会『第二楽章　ヒロシマ・ナガサキ・沖縄』を行う。朗読の中心になるのは、『ウミガメと少年』だ。

『あゝひめゆりの塔』で知った、本当に残酷な現実

インタビューを受けるたびに、吉永さんが苦笑いしながら答えるのが、年齢だ。45年3

月13日生まれなので、「戦後何年」が、そのまま彼女の年となる。

「終戦記念日のたびに『何回目の』と言うでしょう。いつも自分の年齢を言われているみたいで（笑）。女としては少し抵抗があるけど、逃げることはできない。このごろは、逆に誇りたいと思うようになってきました」

東京・渋谷区の代々木西町（当時）で吉永さんが生まれたのは、東京大空襲の3日後。火は自宅から50メートルまで迫っていた。家は無事だったが、次の空襲に備えて、生まれたばかりの吉永さんは、庭の防空壕の中で育てられた。

「戦後、父は新聞などを発刊したり、出版社を経営したりしたんですが、商才がなかったんでしょうね。借金ばかりが増えて、とても貧乏な家でしたよ」

女優・吉永小百合への岐路となったのは、小学5年生のときに見た一本の映画だった。学校の校庭に張られた白い布に映し出されたのは木下惠介監督の『二十四の瞳』。

戦争の恐ろしさ、むごさに、吉永さんは涙が止まらなかった。この出合いは、吉永さんの心の奥底に2つの思いを送り込んだに違いない。平和の大切さと、人に感動を与える俳優という存在の素晴らしさを。

「半年後、学芸会でうさぎのお母さん役を演じることになったんです。映画の影響もあったんでしょうね。登下校の途中でも台詞《せりふ》を思い出しながら歩くくらい練習しました」

努力のかいあって、当日は会場のあちこちからすすり泣きの声が聞こえてくるほどの、成功だった。

吉永さんがまもなく、ラジオドラマ『赤胴鈴之助』のオーディションを受けたのは、このときの体験があったからなのに違いない。応募者1万人のなかから抜擢された吉永さんは、やがて、国民的なアイドルになっていく。

62年『キューポラのある街』が大ヒット。高校生活ではろくに授業に出られないほどの、ハードスケジュールが続く。一念発起して、大検を受け、早稲田大学第二文学部に合格。吉永さんと沖縄との初めてのかかわりとなる映画『あ、ひめゆりの塔』に出演したのは、そのキャンパスが大学紛争に揺れていた、68年のことだった。

吉永さん演じるひめゆり部隊の女子学生は、アメリカ軍に追い詰められてゆく。ラストシーンは、友人と2人で抱き合って、手榴弾《しゅりゅうだん》で自決するという壮絶なものだった。

「女子学生になりきって、泣きながら１２０パーセント感情移入して演じられたと、信じていました」

あまりに激していたために、事故まで起きた。手榴弾を予定より早く破裂させてしまい、頬に火傷《やけど》を負ったのだ。

火膨《ひぶく》れした頬に絆創膏《ばんそうこう》をはり、その上からドーランを塗って撮影は続けられた。

それなのに、試写を見た吉永さんは「何か違う」と感じてしまう。

「本当に苛酷で残酷な現実は、そんなオーバーな演技では伝えられないものだ、とわかったんです。自分の感情や思いを抑えて、観る人に膨らませて、考えてもらわなくては駄目なのだ、と」

撮影を終えたあと、吉永さんは沖縄を訪れ、ひめゆりの塔に花束を捧げた。

「うまく演じることができず、ごめんなさい、という思いも込めて祈りました。返還前の沖縄に行くには、まだパスポートが必要でしたね」

吉永さんのなかで、沖縄という存在は、ずっとひっかかった棘のようでありつづける。

その棘を抜くきっかけ、それが『ウミガメと少年』だったのだ。

沖縄の青い空、美しい砂浜——悲劇はそこで生まれた

「『ウミガメと少年』は、こんな物語なんです」

なんとも贅沢《ぜいたく》だが、吉永さんの口から、そのストーリーを語ってもらうことにしよう。

「昭和20年6月。アオウミガメが沖縄の浜へ、いつものように卵を産みにやってきます。カメには戦争も平和もない。でも、いつもの年と違って、海も浜も騒がしいのです」

アメリカ軍が上陸し、沖縄は「鉄の暴風」と呼ばれる猛烈な戦闘のさなかにあった。

「光と音が溢れ、動かない人間がいっぱいいる。林も草も花もない。変化に気づきながらもカメは悠々と卵を産んで、海の中に戻っていきます」

その光景を見ていたのは、ひとりの少年だった。

「少年は、カメが産んだ何百という卵を、砲弾が飛んでくる危険のなかで安全なところへ運びました。砂をかけて卵を温め、カメの子にしようと思ったのです。米軍のものすごい艦砲射撃で家族を失った少年は、空腹のあまり……」

記者がすっかり物語に引き込まれていると、吉永さんはそこで話すのをやめて、微笑んだ。

「結末は、CDを聴くか絵本を読んでください」

何が、野坂昭如さんに、この物語を書かせたのか。ぜひともうかがいたかったが、野坂さんは現在、脳梗塞《のうこうそく》からのリハビリ中ということで、残念ながらかなわなかった。

『ウミガメと少年』には、イラストレーターの黒田征太郎さんがすてきな絵を描いている。野坂さんの戦争童話のシリーズで、ずっとパートナーをつとめている、黒田さんに、野坂さんがこの本に込めた思いを聞いた。

「2人で戦争童話の本を作ってきたけど、気がつくと、広島、長崎、沖縄に関するものはなかったんですよ」

あるとき、黒田さんは「どうして書かないの?」と野坂さんに聞く。

「そうしたら、彼は強い口調で言った。『俺には書けない。原子爆弾は想像以上のもの。そこまで、思い入れができるわけがないだろう』って」

ならば、沖縄について書けばいいじゃない、と黒田さんは切り返す。それに対する野坂さんの答えはこうだった。

「俺もおまえも、空襲の体験者だから、爆弾が垂直に落ちるのは体験している。だけど、沖縄の地上戦では、水平に弾が飛んできたんだぞ。殺す側の目も見える。それを書けるか？」

そんな野坂さんの心を動かしたのは、沖縄への旅だった。黒田さんが振り返る。

「そう言われてボクも引き下がるわけにはいかないから、まず2人で沖縄へ行きましょう、と誘ったんです」

2人は、激戦地の断崖や洞窟、いまは静かな浜辺などを歩き回り、夜は、泡盛《あわもり》を酌《く》み交《か》わした。

「野坂さんが、少しずつ変わっていったんですよ。美しい自然と、そのなかで多くの人々が無念の思いを抱いて亡くなっていったことに、何か感じるものがあったんでしょう」

沖縄への旅を経て、『ウミガメと少年』は生まれた。

そして、吉永さんを、その本を巡る行動へと駆り立てたのも、やはり訪れた沖縄の、空と海と人だったのだ。

心の「棘」が抜けた、沖縄の人たちからもらった言葉

「本が出たときに、野坂さんからいただいたものの、すぐにどうしていいのか、私にはわからなかったんです」

吉永さんのなかで、ずっとひっかかっていた棘は、まだ抜けてはいなかった。

「唯一の地上戦で、本土の盾《たて》となって、多くの軍人でない人々が亡くなった。『あゝひめゆりの塔』で知ってしまったその現実の前で、私は申し訳ない気持ちが消えずに、立ちすくんでいました」

だから、一昨年（05年）『北の零年』の上映会のために沖縄を訪れた吉永さんは緊張していたという。

「ところが『めんそーれ沖縄』と、とても熱い歓迎を受けて、私の沖縄への思いが変わりはじめました」

それまでの吉永さんは、大好きな水泳でも、沖縄の海で泳ぐことを自らに禁じていた。

ゴルフに誘われても、かたくなに断っていた。

「戦中、戦後のことを思うと、とてもそんな気持ちにはなれなかったんです。ところが、実際に会った沖縄の人たちは、おおらかで明るく、優しかった。68年に『あゝひめゆりの塔』のときに訪れて以来の、2度目の沖縄でしたが、そこから私のなかの沖縄が、ようやく再び動きだしました」

吉永さんは、野坂さんに『ウミガメと少年』をCDにしたい、と申し出て、快諾を得た。そして、制作にかかる前に、3度目の沖縄への旅に出たのだ。

「沖縄本島の最南端にある百名《ひゃくな》ビーチは、白い砂に貝殻やサンゴのかけらが交じり、きれいでした。30メートルほど沖には海の中に標《しるべ》があり、そこに昔、沖縄の神様が舞い降りたのだという伝説が残っていました。島の人たちは、いまもこの浜に来ると、神様に供物《くもつ》を捧げて祈るそうです」

吉永さんも、浜辺から沖に向けて手をあわせた。

「童話の少年は、ひょっとしたらこの浜辺で、ウミガメを見たのかもしれない、なんて思ったりして……」

帰郷した吉永さんは、CDの制作に没頭した。

「それは、大変ながらも充実したものでしたよ。音楽は誰にお願いしよう、装丁は……などと、1人で真夜中に、ああでもない、こうでもない、と悩んだりして」

音楽は全編、石垣島出身の歌手・大島保克さんに頼んだ。朗読が終わると流れる歌声は、夏川りみさんのものだ

「大島さんの音楽は三線《さんしん》の乾いた音が素敵です。夏川さんの歌は、月の女神が歌っているようでした。波の音も、人工ではなく、沖縄の浜で録音したんですよ」

広島や長崎の原爆の詩と違い、『ウミガメと少年』は童話だ。読み方もまた違い、試行錯誤を重ねた。

「結局、沖縄と少しでも違うものが交じると、違和感が生じるんです。だから、音楽も、沖縄民謡や三線、太鼓などがピタリとはまりました」

CDが完成した直後の昨年（06年）の夏。吉永さんは、沖縄で初めての朗読会を、宜野《ぎの》湾《わん》市で開いた。企画、構成、朗読のすべてを、吉永さんが1人で担当した。観客席には、沖縄戦で両親を亡くしたり、片足を失ったりしながらも、戦後を懸命に生きてきた人たちがいた。

吉永さんは、そこに、悲しみを乗り越えた、沖縄の力強さを感じる。そして、そして、

それこそが、吉永さんのなかの棘を取り去り、沖縄の地で朗読する力を与えてくれたものだったのだ。

「沖縄の人たちからもらった、忘れられない言葉があります。『沖縄というところは、戦争さえなかったら、悲劇よりも喜劇が好きなところなんですよ』という言葉です」

本土の人たちは、沖縄に地上戦という悲劇を押しつけてしまった。しかし、時がたっても、まだその悲劇の残骸《ざんがい》を押しつけつづけているのではないか。

「悲劇はもちろん忘れてはいけない。けれども、実際に生きてきた沖縄の人たちは、もっとたくましく、おおらかな人たちだと、私は感じました」

お年寄りを大切にするということにも、吉永さんは感動した。

「老人たちが、肩身狭く生きていないんですよね。97歳になると、カジマヤーというお祝いとして、風車をつけた車で、村落をパレードするそうです。お年寄りを自慢する。そして、亡くなることを、悲しいと思わない。天国というところは、きっといいところに違いない。だって、誰も帰ってこないんだから……。そんな沖縄の人たちの考え方が大好きです」

好きになればなるほど、吉永さんは、そんな素敵な沖縄が、再び戦争によって傷つけられてはならないと思う。

宜野湾市で『ウミガメと少年』を朗読しているとき、吉永さんは、そこに神秘的な空間を感じたという。

「気がつくと、祈っていました。再び沖縄に戦火がやってきませんように。私は祈りながら、朗読したのです」

百名の浜の沖に降り立つという神様。あるいは、沖縄戦で亡くなった、あまたの人々の魂。言葉を手に、再び沖縄の地にやってきた女優を、そうした存在が、見守っていたのかもしれない。あるいは、ウミガメと出合った少年も。

朗読の旅が、いつか必要でなくなる日を祈って

山田洋次監督の作品『母べえ』の撮影も終わり、吉永さんはいま、充電期間だ。こうした時期に、吉永さんはボランティアで原爆の詩の朗読に出かけていく。これからは、そのレパートリーに『ウミガメと少年』も加わるのかもしれない。

学校での朗読も多いが、どの地域のどの学校にするのかに、明確な基準はない。ただ、

手書きの手紙が大好きな吉永さんの心の琴線《きんせん》に、子供たちが書いた手紙が触れて、出かけることもよくあるようだ。

「分校とか、山奥の中にある施設にはなぜか惹《ひ》かれますね。マネージャーと2人で、カラオケのようなマイクとスピーカーだけを手にしていく。狭い講堂の中をカーテンで仕切って薄暗くして、蒸し風呂のような中で朗読をする。そんな雰囲気が好きなんです」

映画の仕事がないときの朗読の旅は、年に30カ所にも及ぶことがある。

「昔は1人で切符も買えなかったのに、いまは時刻表マニアなんです（笑）。列車や飛行機の接続はこうなのね、と眺めているだけでも楽しい」

そんな自分を、吉永さんは「出前朗読者」と呼ぶ。

「私がいちばん望むことは、この朗読の旅が必要でなくなることです。そのときには、地球上から核がなくなっていることでしょう。一人ひとりが、『核アレルギー』になってほしい。戦争や、一瞬にして人間を破壊してしまう核兵器に、もっと敏感になってほしい」

敏感といえば、戦争につながる動きに対してもそうだ。

「昔、母に『どうしてあの戦争を止められなかったのかしら』と聞いたことがあります。母は『何も言えなくなっていたから』と答えました。私は、言わないで後悔だけはしたくない。非戦非核のメッセージを発信しつづけること。それが、東京大空襲の3日後に生まれた私の使命だと思っています」

中学生のときから吉永さんの憧れの女性は、ジャンヌ・ダルクだった。

「多くの民衆を率いて闘った姿には惚れぼれします。私のなかに、小さな義侠心《ぎきょうしん》があるんでしょうね。社会悪とか、嫌悪感を持つものに対しては、黙っていられないんです」

そんな、闘う大女優の健康を支えているのは、17年間続けている水泳だ。昔は水に顔をつけることすらできなかったのに、いまではクロール、背泳ぎ、平泳ぎ、だけではなくバタフライまでこなす。

週に2日は水に入らないとイライラするし、地方や海外に行くときも、必ず水着を持参するのだという。

「体を大切にして、でも年齢やシワは気にせずに、心から演じていきたい。原爆の詩や沖縄の物語を、語り継いでいきたいと願っています」

これまで複雑な気持ちゆえに、沖縄の美しい海に入ったことがない吉永さん。でも、そのわだかまりがとれたいま、コバルトブルーの海に泳ぐ吉永さんの姿が見られるかもしれない。

いつしか、ウミガメも寄り添っていたりして。

【その後の物語】２００７年6月、吉永さんは東京オペラシティで「第二楽章・ヒロシマ・ナガサキ・沖縄」を開催。２００８年6月には、第五福竜丸記念館で「ウミガメと少年　第五福竜丸と海へ」を開催。吉永さんが主演する山田洋次監督の映画『おとうと』は、２０１０年1月封切り予定だ。

第10章

救急患者輸送で離島の人々の命を守る自衛隊員

フライング・シーサー、命をかけて、命を救う！

「空の守り神」「命の懸け橋」……。24時間体制で、医療環境の充実していない離島から急患を運ぶ任務につく彼らを、そう呼ぶ人もいる。沖縄本島ですらあまり知られていないというその活動と隊員たちの〝覚悟〟とは。救急患者輸送で離島の人々の命を支える陸上自衛隊・第101飛行隊の大和魂。

（2008年7月15日）

肩書き・年齢は取材当時のものです。

都市部と地方には、厳然たる「医療格差」が横たわっている。それが離島となるとなおさらだ。そんな格差に苦しむ人々を、空を超えて救ってきた第101飛行隊は、「平時こそが実戦」という自衛隊内でも特殊な部隊だ。職場が戦場である以上、つねに真剣勝負で任務に臨む隊員と、その家族。今この瞬間も、彼らは戦っている。

沖縄の人々が愛する空飛ぶ守り神、101飛行隊

ねっとりとした南国の空気のなか、待機所のスピーカーが鳴ったのは突然だった。

「レスキュー情報、南大東！　患者1名男性、72歳。脳血管障害の疑い！」

6月11日、18時53分。オレンジ色のフライトスーツを着た男たちが次々と立ち上がり、視界から消えていく。記者は慌《あわ》てて、後を追った……。

陸上自衛隊第1混成団・第101飛行隊。132人の隊員を擁《よう》するこの集団は、日本で

最も日常的に「実戦」を戦っている部隊だ。もちろん、相手を攻撃する実戦ではない。急な病に侵され、地元では治療が不可能となった患者を、離島から緊急に空輸するという「実戦」である。

領空侵犯と同じく、患者はいつ発生するかわからない。そのために、日本の国土を守るという本来の任務と同様、24時間365日、いつでも出動できるように待機を続ける。そういう意味でまさに「実戦」を戦っている部隊なのだ。

緊急患者輸送は、正確には自衛隊法による「災害派遣」の任務になる。72年の沖縄本土復帰までは、米軍が担っていた。復帰と同時に任務を引き継いだ第101飛行隊は、以来36年間に7475回出動し、7828人の患者を搬送してきた（08年6月26日現在）。ほぼ2日に1回以上のペースで任務を果たしてきたことになる。

飛行隊の所在地は、那覇空港に隣接する航空自衛隊那覇基地のなかだが、カバーしているのは沖縄県内だけではない。鹿児島県の奄美、喜界島地域を含む、東西約1000キロ、南北は約500キロの海域に散らばる50の島々に及ぶのだ。

保有している機材は、固定翼機が2機。ヘリコプターは中型の多用途ヘリを4機。大型輸送ヘリを2機。これら8機のうち、2機がいつでも飛び立てるようローテーションが組まれ、整備されている。

災害派遣の要請ができるのは、都道府県知事、海上保安庁の長官か各管区海上保安本部長、もしくは空港事務所長。飛行隊では、多くの場合県知事から要請を受ける。

たとえば沖縄県の離島で、本島の総合病院へ搬送する必要がある患者が発生した場合、担当の医師がまず県の防災危機管理課に連絡。同課が知事の承認を経て、飛行隊の上部機関である第1混成団に派遣を要請するわけだ。

両者は防災専用のファクスで結ばれており、24時間、連絡がとれる体制になっている。

飛行隊の隊長は印口岳人《おしぐちたけと》2佐（48）。彼の命令で出動するクルーは機長、副操縦士、整備士2人の4人で構成される。最近の変化は、これに医師が必ず同乗することだ。昨年（07年）4月から今年（08年）3月まで16回同乗した琉球大学医学部救急医学講座の野崎浩司医師（39）が理由を説明してくれた。

「安全な急患空輸には、飛行のプロである自衛隊の方々と、治療のプロである医師とのタッグが必要なんです」

医師の同乗によって、救命率は目に見えて向上している。

02年、第101飛行隊は政府から国民安全功労表彰を受けた。世界中の軍隊や防災機関を見渡しても、日常の医療のなかで、これほどの救命の実績を残している組織はないといわれている。

彼らが活躍する地域の人々は、第１０１部隊の勇士たちのことを、沖縄の人々が愛する守り神、シーサーの名を冠して、こう呼んでいる。

空飛ぶ守り神『フライング・シーサー』と。

ビュンビュン吹き込む風、これは「軍用機」なのだ！

6月11日の待機室に戻ろう。

ようやく記者がクルーに追いついた指揮所内では、緊迫したチェックが続いていた。

19《ヒトキュウ》：00《マルマル》。機長の吉葉優3佐（46）と副操縦士の宮部健太郎2尉（23）が、南大東島までのルートと天候をチェックする。管制気象班の隊員たちはさらに、航空自衛隊の気象予報官に確認。横では通信班員が、搬送先の病院などの確認を行っている。それぞれの任務を的確にこなすさまに記者は改めて「実戦」を思う。

吉葉3佐の声が響いた。

「天候よし。ゴーだ！」

同乗する機上整備員の石川淳2曹（40）、波平直人2曹（34）が加わり、ブリーフィングが始まった。その間、外では地上整備員たちが多用途ヘリ「UH－60JA」を格納庫からエプロンへと引き出し、給油も終えている。

19：38。同乗する医師と看護師が到着、ローターが回り始めているヘリに乗り込む。記者も慌てて後を追った。

19：50。管制塔からの離陸許可が下りる。

「メディカル・ヒリュウ・ワンナイナー、ナハタワー、クリアード・フォー・テイクオフ」

ヒリュウとは「飛龍」のことで、UH－60ヘリのコールサイン。ワンナイナーは機体番号が19ということだ。

上空は真っ暗だった。窓の隙間から、機内に風がビュンビュン入ってくる。民間機ではありえない状況。やはり「軍用機」なのだ。

21：05。「南大東、確認！」という機長の声が入ってきた。ヘリポートを示すストロボライトが記者にもわかる。ゆらゆらと揺れながらの降下。こういうとき、隊員たちは「あともう少しで着く。頑張ってくれ！」と患者に呼びかける気持ちになるのだという。

21：12。着陸。ローターを回したまま石川2曹と波平2曹がカーゴドアをあけ、ストレッチャーを運び出した。吉葉3佐、医師とともに、到着していた救急車に向かい、患者を搬入する。

21：27。離陸。患者の意識ははっきりしているが、酸素マスクを装着する。終えると石川2曹が、そっと毛布をかけた。気のせいか、患者の表情が和《やわ》らいだように思われる。

帰りは向かい風なので、行きよりも時間がかかった。

相変わらず窓の隙間から風が入ってくる。患者が寒がっているという看護師の指摘に、機長はすぐさまエアコンで機内温度を上げた。

22：49。本島視認！

23：12。第101飛行隊のヘリポートに「飛龍19」は無事降り立った。

赤い回転灯を回した救急車が待機している。いや、それだけではない。整備員たちも印口2佐も待ち受けている。ヘリの到着前の、救急車の誘導や安全確認、そして患者に付き添ってきた家族の世話もしなくてはならないからだ。

待機の当直に当たっていた吉葉3佐たちクルーだけではなく、これだけの人数が任務を支えているのだとわかる。
23：19。救急車への患者の搬送が終了。
23：21。吉葉3佐が印口2佐の前で敬礼すると、任務の完了を報告した。レスキュー放送から4時間30分。第101飛行隊にとって7469回目の急患空輸がようやく終わったのだ。
フライング・シーサーたちは、再び待機に入った。いつ入ってくるかわからない、次の任務に備えて。

同じ娘を持つパイロットが一度だけ破った自らのルール

救える命もあれば、力尽きる命もある。そして、そのひとつひとつが、隊員たちの心のなかに刻まれていく。

井上正利1尉（49）は第101飛行隊に配属されて11年というベテランだ。これまでの出動回数は200回を超す。

一昨年、愛機LR-1（固定翼機）で飛んだのは宮古島だった。4歳の女の子が建物の4階から落ちて全身を打撲、意識不明になったのだ。

「なんとか息はありましたが、骨が飛び出て白目をむき、危険な状態でした。いかに早く那覇に降りようか、そのことばかり考えていましたが、揺らすと脳に悪影響が出る。大至急、しかし慎重に操縦しました」

那覇空港は混雑していたが、井上1尉は着陸の優先順位を1番にあげてもらった。着陸してても脳に震動を与えないように、通常やる逆噴射をせずにゆっくりと車輪のブレーキをかけて止まる。

「同乗した女の子のお父さんは、ずっと泣きじゃくっていました。私の娘が当時5歳だったので、お父さんの気持ちもよくわかって」

本来ならば救急車に急患を渡して飛行隊の任務は終わりである。しかし、このときだけは、井上1尉は自らに課していたルールを破った。

「初めて、その後の容体を聞くために病院に電話をしました。もちろん、個人情報なので教えてくれない。思い余って、病院に駆けつけました」

そこには、あのお父さんの姿があった。泣きやんでいた。しかし、井上1尉の姿を認めると、走り寄ってきて、また泣きだした。悲しい涙ではない。感謝の涙だった。

「後遺症は残るかもしれないが、一命は取り留めたとのことでした。僕も、もらい泣きしてしまいましたね」

速く。しかしそっと。井上1尉の神業《かみわざ》のような操縦が少女の命を救った。しかし、井上1尉は言う。

「私1人の力ではできません。地上支援も含め、みんなが一体となって初めてできることです。ですから自分がこれまで何回飛んだかなんて、考えないことにしているんです。1回1回が、患者さんの命がかかった真剣勝負なんです」

一方で、新たな命が空の上で生まれることもある。そんなとき、フォローするのが地上支援に就く女性隊員たちだ。河津利沙3曹（27）は、ヘリの中で生まれた赤ちゃんの支援も経験している。

「到着したヘリから救急車に運ぼうとすると、すぐにも生まれそうだということで。いったん待機し、そのままお医者さんの立ち会いのもと、出産しました。こういう大きな経験は、この部隊にいるからこそできたと思います」

27年前の1月3日、まだ医師が同乗していないヘリの中で、出産した女性がいる。

現在も南大東島に住み、当時、妊娠10カ月だったご本人、宮平チヨ子さん（57）に振り返ってもらおう。

「島には産科の施設がないので、普通は予定日の1カ月前から沖縄本島に行くんですがね。正月の準備があったりして、ついつい遅れていたんです。そうしたら1月2日に陣痛が始まって……」

ヘリで救急搬送されたものの、15分ほどして出産してしまったのだ。とりあげたのは同乗していたご主人だった。

「とはいえ、臍《へそ》の緒は隊員の方がペンチのようなもので切ってくれました」

通常は病院や産院の名前が記される、出生届の「生まれた場所」欄には「南大東島から西に○○キロ、上空○○メートル」と書かれているという。

その赤ちゃん、直人さんはいま27歳。2年前、当時の隊員と再会した。

「動揺してあまり話せませんでしたが、感謝の気持ちはしっかり伝えました。彼らのおかげで、僕がいまここにいるからというだけではない。島全体、いや離島に住む人々みんなが、第101部隊を命の綱だと思っているからです。本島と僕たちをつないで命を支えてくれる、まさに臍の緒なんですから」

「この仕事をやっている限り、心のどこかで『もしかしたら』と」

「フライング・シーサー」の名にふさわしく、第101飛行隊の格納庫の扉の左右には、シーサーが鎮座《ちんざ》している。しかし、その由来には悲しい物語があるのだ。

90年2月17日深夜、急患空輸で宮古島に向かったLR‐1が消息を絶ち、機長の伊久良健二3佐、副操縦士の上野博信3佐、整備員の新崎新一1曹、そして医師の知花哲さんが殉職した。

「あのシーサーは亡くなられた知花医師のご遺族が、航空安全を祈念して寄贈してくださったものです」（前出・井上1尉）

昨年3月30日には、徳之島へ向かった大型輸送ヘリCH‐47が、徳之島北部の山岳地帯で墜落。機長の建村善知1佐、副操縦士の坂口弘一2佐、整備員の岩永浩一曹長と、藤永真司曹長が殉職した。

同年4月15日に行われた葬送式は、くしくも90年の事故にまつわるシーサーが守る、格納庫で行われた。式には当時の安倍晋三首相も参列。自衛隊員の葬送式に首相が出席したのは初めてだった。

記者と一緒に南大東島へ向かうヘリに乗った石川淳2曹は岩永曹長と仲がよかった。

「あの夜、岩永曹長は待機していた整備班のデスクでカップラーメンを食べようと蓋《ふた》をあけ、お湯を入れようとしたまさにその瞬間に、レスキューの放送がかかったんです」

任務に遅滞はありえない。すぐに飛び出した岩永曹長はその1時間半後に殉職した。

「事故の連絡を受け、私が整備班の部屋に飛び込むと、岩永曹長の机の上には、蓋をあけたカップラーメンがそのまま置かれていました」

130人あまりの隊員数で、20年足らずの間に7人を失ったという部隊はほかにはない。悪天候や夜間に飛ぶということが、いかに命をかけた「実戦」かを示している。

在籍20年、出動回数550回。現役いちばんのベテランであり、両方の事故を身近で体験した宮崎誠1尉（53）は、誰でも起こりうる事故に偶然、遭遇したのが彼らだったと思っている。

「こういう仕事をやっている限り心のどこかで『もしかしたら』とは思っている。覚悟があるということです。身の回りをきれいにしておくとか、家族には万一の話をしておくとか、そういうことはみんなやっていると思います」

そうは言われても、家族の本音はどうなのだろう。宮崎1尉の妻の慶子さん（47）は「辞めてほしい」と言ったことはない。しかし、「本音を言えば、そういう部分はありました」と告白する。

「急患空輸というのは夜も多いですから、暗い中を飛ぶ不安は抱えていると思います。でも、やっぱり人の命を助けるという強い思いがあったからこそ、ずっと続けてこられたんでしょう。それがわかっていますので、覚悟を決めてやってこれたつもりです」

自分の命だけではない。機長である宮崎1尉には、部下の命も背負っているという自覚がある。

「機長はリーダーですから、おのずから果たすべき役割があります。当然ながら機長の家族、特に妻というものは、もし何かあったときにはやはり、残された者のなかで、最もしっかりしていなくてはいけない。その覚悟を妻はしてくれていると思っています」

自分の命を懸けるのは、それによって人の命が助かるからだ、と宮崎1尉は言う。

「辞めようと何度も思いました。でも命を救える人が待っているのだから、行かなくてはならない。そして無事搬送して『ありがとうございました』と言われたとき、ああよかった、と思うんです」

石川2曹は、ふだんは結婚指輪をしていない。しかし、出動するときには、必ずはめるのだという。

「毎週、待機があるときは死ぬかもしれないという意識は持ちますね」

石川2曹の奥さんはどう思っているのか。

「岩永曹長が亡くなられた事故が起きたときには、カミさんは『辞めてくれ』と言いました。親戚一同からも『そんな危険な仕事をしないで、民宿でもやればいいさあ』って」

それでも夫が任務を続けることを認めた奥さんは、ただひとつ、条件を出したという。

石川2曹が照れた。

「いやあ。レスキューに出動するときは、必ずメールしろって言うんですよ。そうすれば、起きて待っているって」

記者は想像する。夫が暗い海を飛んでいる間、ずっと起きて待っている妻の姿を。

コックピットの乗組員や、地上の支援隊員たちは目に入る。多くの人に支えられて任務が実行されていることはわかっているつもりだった。しかし、視野に入らないそれぞれの家庭でも、任務の間、祈り続けている人たちがいるのだ。

話を聞いているときだった。偶然にも、石川2曹に出動命令がかかった。

「見せてもらえますか」

ちょっと迷ったあと、石川2曹が記者に示した携帯の画面にはこうあった。

「23時には帰ってくるよ、愛している」

生きていてくれれば、またどこかで会える……

72年に第101飛行隊が任務を引き継いだ当時は、先の大戦のこともあり、島の人々の目は必ずしも温かくはなかった。命をかけて病人を運ぶ隊員たちの存在が知られるにつれ、自衛隊そのものに対するイメージも変わりつつある。

しかし飛行隊を率いる印口2佐は沖縄の人々の感謝の視線を意識しつつ、むしろこう気持ちを引き締めるのだ。

「目に見える形で地元に貢献し、喜んでもらえる我々は幸せです。多くのほかの部隊の隊員は、一般の人たちには見えないところで、コツコツと訓練を続けているわけですから。

我々はいわば、彼らの分まで人々の視線を奪っているわけなので、そのことを自覚しなくてはいけない。我々が失敗すると『第101飛行隊は』と言われるだけではなく、『第1混成団は』、やがては『陸上自衛隊は』ということになってしまいます」

毎朝、朝礼前に印口2佐が必ず行う儀式がある。隊員たちの敬礼を受けた印口2佐がそれまで24時間待機をしていたクルーの前に立ち、

「ご苦労さん。上番（当番）者、よろしく頼む」

とねぎらいの言葉をかけるのだ。そして、隊長が去ったあと、チームの長が、

「みんなご苦労さんでした」

と言って解散となる。飛行隊長自身が、待機してきたチームを直接ねぎらうことを、印口2佐はこう説明する。

「やはり上番しているクルーというのはものすごく緊迫感を持って24時間勤務している。『ああ、無事に下番できた』という気持ちを、解きほぐしてあげたいじゃないですか」

直接操縦桿《かん》を握るのではなく、ただひたすら待っている印口2佐の立場は、むしろ辛いものなのかもしれない。

「天気が悪いときは帰ってくるまで、極端に言えば、祈るような気持ちでいます。うるさ

いと言われようが細かいと言われようが、出動命令を出すまで私は気がついたことはすべて言う。言わずにいて何かあったときには、ものすごく後悔するだろうと思うからです」

命を救う任務に邁進《まいしん》する飛行隊。しかしそれを日々、行うことによって隊長が感じたのは、自分たちの命が今日も無事であることの喜びだった。

「私もいずれここを去るときがきますが、そのときみんなに言いたいのは『達者でいてくれ』です。もっと言えば『生きていてくれ』です。そうすれば、またどこかで会えるね、という思いです。頼むから、私がここに来たら、みんなの元気な顔を見せてくれ。もしくは、私がいるところを訪ねてきて、元気な顔を見せてくれ。それに尽きますね」

フライング・シーサーは今日も飛ぶ。

命を奪うのではなく、命を救うという、世界に誇るべき「実戦」を。

歴戦の勇士たちの手によって。


【その後の物語】第101飛行隊は、平成21年度末の第1混成団から第15旅団への部隊改編に伴い、第15飛行隊に改編される予定。

2010年中には累積出動回数が1万回を超えることが予想されるが、これは世界中の軍隊、警察、消防が運用している航空機レスキュー部隊と比較して、最多の回数となる。

本書は、『女性自身』２００２年2月19日号〜08年９月２日号に掲載された連載「シリーズ人間」のなかから、著者自身が厳選して書籍化したものです。

美しき日本人は死なず

発行日　2009年9月11日　第1版第1刷

著者　勝谷誠彦
装幀　阿形竜平＋平井さくら
イラスト　平井さくら
写真　福田一郎
編集協力　光文社『女性自身編集部』
悠々社（山崎修）
取材　堀ノ内雅一、山本幸子、長冨俊和、小野建史
加世田智秋、鈴木利宗、大中智昭
編集　高橋克佳／小林英史
発行人　高橋克佳
発行所　株式会社アスコム
〒105-0002 東京都港区愛宕1-1-11 虎ノ門八東ビル7F
編集部　TEL：03-5425-6627
営業部　TEL：03-5425-6626　FAX：03-5425-6770
印刷　株式会社シーエイチシー

Printed in Japan ISBN978-4-7762-0560-9